香港文庫
新古今香港系列

Hong Kong
Mass Media
over the Last
50 Years

香港傳媒五十年

陳青楓——著

新古今香港系列

總

序

香港，作為中國南部海濱一個重要的海港城市，有著特殊的社會經歷和文化特質。它既是中華文化值得驕傲的部分，又是具有強烈個性的部分。尤其在近現代時期，由於處於中西文化交匯的前沿地帶，因而還擁有融匯中西的大時代特徵。回顧和整理香港歷史文化積累的成果，遠遠超出整理一般地域文化歷史的意義。從宏觀的角度看，它在特定的時空範疇展現了中華文化承傳、包容的強大生命力，從而也反映了世界近代文化發展的複雜性和多面性。

　　梁啟超在《中國歷史研究法》中對有系統地收集史料和研究成果的重要性，曾作這樣的論述：

　　　　大抵史料之為物，往往有單舉一事，覺其無足輕重；及彙集同類之若干事比而觀之，則一時代之狀況可以跳活表現。比如治庭院者，孤植草花一本，無足觀也；若集千萬本，蒔已成畦，則絢爛炫目矣。[1]

　　近三十年來香港歷史文化研究，已有長足的進步，而對香港社會歷史文化的認識，到了一個全面、深入認識、整理和繼續探索的階段，因而《香港文庫》可視為時代呼喚的產物。

1　梁啟超：《中國歷史研究法》〔香港：三聯書店（香港）有限公司，2000〕，69頁。

（一）

　　曾經在一段時間內，有些人把香港的歷史發展過程概括為從"小漁村到大都會"，即把香港的歷史過程，僅僅定格在近現代史的範疇。不知為甚麼這句話慢慢成了不少人的慣用語，以致影響到人們對香港歷史整體的認識，故確有必要作一些澄清。

　　從目前考古掌握的資料來看，香港地區的有人類活動歷史起碼可以上溯到新石器中期和晚期，是屬於環珠江口的大灣文化系統的一部分。由此我們可以清楚地看到，香港的地理位置從遠古時期開始，就決定了它與中國內地不可分割的歷史關係。它一方面與鄰近的珠江三角洲人群的文化互動交流，同時與長江流域一帶的良渚文化有著淵源的關係。到了青銅器時代，中原地區的商殷文化，透過粵東地區的浮濱文化的傳遞，已經來到香港。[2]

　　還有一點不可忽視的是，香港位於中國東南沿海，處於東亞古代海上走廊的中段，所以它有著深遠的古代人口流動和文化交流的歷史痕跡。古代的這種歷史留痕，正好解釋它為甚麼在近現代能迅速崛起所具備的自然因素。天然的優良港口在人類歷史的"大

2　參看香港古物古跡辦事處：〈香港近年的考古發現與研究〉，載《考古》第 6 期（2007），3－7 頁。

航海時代"被發掘和利用,是順理成章的事,而它的地理位置和深厚的歷史文化根源,正是香港必然回歸祖國的天命。

香港實際在秦代已正式納入中國版圖。而在秦漢之際所建立的南越國,為後來被稱為"嶺南"的地區奠定了重要的政治、經濟和文化基礎。[3] 香港當時不是區域政治文化中心,還沒有展示它的魅力,但是身處中國南方的發展時期,大區域的環境無疑為它鋪墊了一種潛在的發展力量。我們應該看到,當漢代,廣東的重要對外港口從徐聞、合浦轉到廣州港以後,從廣州出海西行到南印度"黃支"的海路,途經現在香港地區的海域。香港九龍漢墓的發現可以充分證實,香港地區當時已經成為南方人口流動、散播的區域之一了。[4] 所以研究中國古代海上絲綢之路,不應該完全忘卻對香港古代史的研究。

到了唐宋時期,廣東地區的嶺南文化格局已經形成。中國人口和政治重心的南移、珠江三角洲地區進入"土地生長期"等因素都為香港人口流動的加速帶來新動力。所以從宋、元、明開始,內地遷移來香港地區生活的人口漸次增加,現在部分香港原住民就

3　參看張榮方、黃淼章:《南越國史》(廣州:廣東人民出版社,1995)。

4　參看區家發:〈香港考古成果及其啟示〉,載王賡武主編:《香港史新編》(增訂版)〔香港:三聯書店(香港)有限公司,2017〕,3–42頁。

是這段歷史時期遷來的。[5]香港作為一個地區，應該包括港島、九龍半島和新界三個部分，所以到十九世紀四十年代，香港絕對不能說"只是一條漁村"。

我們在回顧香港歷史的時候，常常責難晚清政府無能，把香港割讓給英國，但是即使是那樣，清朝在《南京條約》簽訂以後，還是在九龍尖沙咀建立了兩座砲台，後來又以九龍寨城為中心，加強捍衛南九龍一帶的土地。[6]這一切說明清王朝，特別是一些盡忠職守的將領一直沒有忘記自己國家的土地和百姓，而到了今天，我們卻沒有意識到說香港當英國人來到的時候只是"一條漁村"，這種說法從史實的角度看是片面的，而這種謬誤對年輕一代會造成歸屬感的錯覺，很容易被引申為十九世紀中期以後，英國人來了，香港才開始它的歷史，以致完整的歷史演變過程被隱去了部分。所以從某種意義上看，懂得古代香港的歷史是為了懂得自己社會和文化的根，懂得今天香港回歸祖國的歷史必然。因此，致力於香港在十九世紀中葉以前歷史的研究和整理，是我們《香港文庫》特別重視的一大宗旨。

5　參看霍啟昌：〈十九世紀中葉以前的香港〉，載《香港史新編》（增訂版），43–66頁。

6　其實我們如果細心觀察九龍城在第一次鴉片戰爭以後形成的過程，便可以看到清王朝對香港地區土地力圖保護的態度，而後來南九龍的土地在第二次鴉片戰爭中失去，主要是因為軍事力量對比過於懸殊。

（二）

　　曲折和特別的近現代社會進程賦予這個地區的歷史以豐富內涵，所以香港研究是一個範圍頗為複雜的地域研究。為此，本文庫明確以香港人文社會科學為範疇，以歷史文化研究資料、文獻和成果作為文庫的重心。具體來說，它以收集歷史和當代各類人文社會科學方面的作品和有關文獻資料為己任，目的是為了使社會大眾能全面認識香港文化發展的歷程而建立的一個帶知識性、資料性和研究性的文獻平台，充分發揮社會現存有關香港人文社會科學方面資料和成果的作用，承前啟後，以史為鑒。在為人類的文明積累文化成果的同時，也為香港社會的向前邁進盡一份力。

　　我們希望《香港文庫》能為讀者提供香港歷史文化發展各個時期、各種層面的狀況和視野，而每一種作品或資料都安排有具體、清晰的資料或內容介紹和分析，以序言的形式出現，表現編者的選編角度和評述，供讀者參考。從整個文庫來看，它將會呈現香港歷史文化發展的宏觀脈絡和線索，而從具體一個作品來看，又是一個個案、專題的資料集合或微觀的觀察和分析，為大眾深入了解香港歷史文化提供線索或背景資料。

　　從歷史的宏觀來看，每一個區域的歷史文化都有時代的差異，不同的歷史時期會呈現出不同的狀況，歷史的進程有快有慢，有起有伏；從歷史的微觀來看，不同層面的歷史文化的發展和變化會存在不平衡的狀態，不同文化層次存在著互動，這就決定了文庫在選題上有時代和不同層面方面的差異。我們的原則是實事求是，不求不同時代和不同層面上數量的刻板均衡，所以本文庫並非面面俱到，但求重點突出。

在結構上，我們把《香港文庫》分為三個系列：

1. "香港文庫‧新古今香港系列"。這是在原三聯書店（香港）有限公司於 1988 年開始出版的 "古今香港系列"基礎上編纂的一套香港社會歷史文化系列。以在香港歷史中產生過一定影響的人、事、物和事件為主，以通俗易懂的敘述方式，配合珍貴的歷史圖片，呈現出香港歷史與文化的各個側面。此系列屬於普及類型作品，但絕不放棄忠於史實、言必有據的嚴謹要求。作品可適當運用注解，但一般不作詳細考證、書後附有參考書目，以供讀者進一步閱讀參考，故與一般掌故性作品以鋪排故事敘述形式為主亦有區別。

"香港文庫‧新古今香港系列"部分作品來自原 "古今香港系列"。凡此類作品，應對原作品作認真的審讀，特別是對所徵引的資料部分，應認真查對、核實，亦可對原作品的內容作必要的增訂或說明，使其更為完整。若需作大量修改者，則應以重新撰寫方式處理。

本系列的讀者定位為有高中至大專水平以上的讀者，故要求可讀性與學術性相結合。以文字為主，配有圖片，數量按題材需要而定，一般不超過 30 幅。每種字數在 10 到 15 萬字之間。文中可有少量注解，但不作考證或辯論性的注釋。本系列既非純掌故歷史叢書，又非時論或純學術著作，內容以保留香港地域歷史文化為主旨。歡迎提出新的理論性見解，但不宜佔作品過大篇幅。希望此系列成為一套有保留價值的香港歷史文化叢書，成為廣大青少年讀者和地方史教育的重要參考資料。

2. "香港文庫·研究資料叢刊"。這是一套有關香港歷史文化研究的資料叢書，出版目的在於有計劃地保留一批具研究香港歷史文化價值的重要資料。它主要包括歷史文獻、地方文獻（地方誌、譜牒、日記、書信等）、歷史檔案、碑刻、口述歷史、調查報告、歷史地圖及圖像以及具特別參考價值的經典性歷史文化研究作品等。出版的讀者對象主要是大、中學生與教師，學術研究者、研究機構和圖書館。

本叢刊出版強調以原文的語種出版，特別是原始資料之文本；亦可出版中外對照之版本，以方便不同讀者需要。而屬經過整理、分析而撰寫的作品，雖然不是第一手資料，但隨時代過去，那些經過反復證明甚具資料價值者，亦可列入此類；翻譯作品，亦屬同類。

每種作品應有序言或體例說明其資料來源、編纂體例及其研究價值。編纂者可在原著中加注釋、說明或按語，但均不宜太多、太長，所有資料應注明出處。

本叢刊對作品版本的要求較高，應以學術研究常規格式為規範。

作為一個國際都會，香港在研究資料的整理方面有一定的基礎，但從當代資料學的高要求來說，仍需努力，希望叢刊的出版能在這方面作出貢獻。

3. "香港文庫‧學術研究專題"。香港地區的特殊地理位置和經歷，決定了這部分內容的重要。無論在古代作為中國南部邊陲地帶與鄰近地區的接觸和交往，還是在大航海時代與西方殖民勢力的關係，以致今天實行的"一國兩制"，都有不少是值得深入研究的課題。人們常用"破解"一詞去形容自然科學方面獲得新知的過程，其實在人文社會科學方面也是如此。人類社會發展過程的地區差異和時代變遷，都需要不斷的深入研究和探討，才能比較準確認識它的過去，如何承傳和轉變至今天，又如何發展到明天。而學術研究正是從較深層次去探索社會，探索人與自然的關係，把人們的認識提高到理性的階段。所以，圍繞香港問題的學術研究，就是認識香港的理性表現，它的成果無疑會成為香港文化積累和水平的象徵。

由於香港無論在古代和近現代都處在不同民族和不同地區人口的交匯點，東西不同的理論、價值觀和文化之間的碰撞也特別明顯。尤其是在近世以來，世界的交往越來越頻密，軟實力的角力和博弈在這裡無聲地展開，香港不僅在國際經濟上已經顯示了它的地位，而且在文化上的戰略地位也顯得越來越重要。中國要在國際事務上取得話語權，不僅要有政治、經濟和軍事等方面的實力，在文化領域上也應要顯現出相應的水平。從這個方面看，有關香港研究的學術著作出版就顯得更加重要了。

"香港文庫‧學術研究專題" 系列是集合有關香港人文社會科學專題著作的重要園地，要求作品在學術方面達到較高的水平，或在資料的運用方面較前人有新的突破，或是在理論方面有新的建樹，作品在體系結構方面應完整。我們重視在學術上的國際交流和對話，認為這是繁榮學術的重要手段，但卻反對無的放矢，生搬硬套，只在形式上抄襲西方著述 "新理論" 的作品。我們在選題、審稿和出版方面一定嚴格按照學術的規範進行，不趕潮流，不跟風。特別歡迎大專院校的專業人士和個人的研究者 "十年磨一劍" 式的作品，也歡迎翻譯外文有關香港高學術水平的著作。

（三）

簡而言之，我們把《香港文庫》的結構劃分為三個系列，是希望把普及、資料和學術的功能結合成一個文化積累的平台，把香港近現代以前、殖民時代和回歸以後的經驗以人文和社會科學的視角作較全面的探索和思考。我們將以一種開放的態度，以融匯穿越時空和各種文化的氣度，實事求是的精神，踏踏實實做好這件有意義的文化工作。

香港在近現代和當代時期與國際交往的歷史使其在文化交流方面亦存在不少值得總結的經驗，這方面實際可視為一種香港當代社會資本，值得開拓和保存。

毋庸置疑，《香港文庫》是大中華文化圈的一部分，是匯聚百川的中華文化大河的一條支流。香港的近現代歷史已經有力證明，我們在世界走向融合的歷史進程中，保留中華文化傳統的重要。香港今天的文化成果，說到底與中國文化一直都是香港文化底色的關係甚大。我們堅信過去如此，現在如此，將來也一定如此。

鄭德華

目錄

序一

香港報業星光燦爛的年代

　　青楓兄囑為此書作序，我可不像過往幾本著作那樣欣然應命，這次，內心頗存猶豫。本人雖然從事幾十年出版，廣義上也是傳媒中人，但只專業於圖書出版，與其他媒體無涉。對青楓兄書中提到的，主要是報刊生涯的行業了解甚少，對內聞所及更無所知，豈敢胡語妄言。與青楓兄雖屬同齡，他出道社會，比我早近二十年。這近二十年，正是我從中學起的求學階段。他年紀輕輕已然廁身報刊傳媒界。書中所記述五十年中的前二十年，我一直是讀者的身份，站在外面，青楓是內裡人。讀其書稿，在私，是他的早年生涯；在公，是上世紀六七十年代的報刊界內聞，我才有所了解，多增見聞。局外人一窺內聞，挺有趣味！

　　青楓兄與我是同鄉、少年同學。他自報界退休後，我們也曾做過同事，加上同齡，交誼匪淺。由總角之交到如今，逾六十年矣。期間，青壯年時代，睽違逾十五年，正是青楓兄入報界由"紅褲子"到擔綱正角的時期。我比他幸運，雖說經過造次顛沛，最少仍能持續升學，繼續進修。他的青少年學徒經歷，我們那一輩，那個年代，很普遍。能升學進修的是少數，能進大學的，更屬少數之少數。青楓兄以低學歷，竟選擇最艱難的文字工作，成才不易之道路，莫非天性、天賦使然？書中所見，又是一個勵志的故事。皇天不負有心人，天道酬勤，青楓兄經過艱苦鍛煉，終成為香港傳媒界的知名人物，也磨練出獨樹一幟的文筆。青楓兄與我雖工作不同，背景有別，但算是同屬文化傳媒中人。我倆有同鄉、同學、同事、同道、同齡的"五同"之雅。在世緣，屬罕遇了，那麼這篇序就不能不寫，何況這還是他"人生路"的紀念之作。

青楓兄經歷的"傳媒五十年"，尤其是從上世紀六十年代至九十年代末的四十年，對香港社會發展與傳媒生態有所了解的，都曉得這四十年正是香港報業最興盛、屬媒體居於社會主導性位置的年代。其時，報刊的出版，百花齊放，五光十色，雖說良莠不齊，到底是香港報界星光燦爛的年代。我們這一代人，雖或取徑不同，熏陶感染不一，但不可否定的是，我們都深受報業傳媒的影響，是雅是俗，是好是壞。這是香港文化和社會發展歷史中的重要一頁。本人對這段報業歷史，尚欠缺完整的研究。至於陸續見有回憶和記述的出版，都很重要，很具歷史資料價值。青楓兄以其樸素、輕鬆而生動的筆觸，訴說報壇舊事，相信對於如我同輩之局外人，或年輕輩之喜歡如煙而未散的往事者，都是一本很可讀的著作。

青楓兄寫成此著，本人借光，再憶世緣軼事，何樂逾此！

饒宗頤文化館名譽館長
陳萬雄

序二

鏡像

有一年，在香港一個學術研討會上，突然有一個漢子滿臉堆笑向我走來。這人我當然認得，於是握手，互相問好。那人是大學教授，口若懸河，猛問我近況如何，還有寫稿嗎？還在報館工作？其時我已轉職做"人之患"，他是知道的；愈聽愈糊塗，但當問到還有繪畫嗎，我便恍然。

他認錯人了，以為是他的學生陳志城，也即是陳青楓。他，是廣州暨南大學的蔣述卓教授。

朋友都說我和陳青楓長得很像，恍若兩兄弟。記得有次坐電車，對面一個中年婦女熱情地向我打招呼，殷殷垂詢最近出了什麼書，我一臉陪笑，不知如何作答，因為此婦我毫無印象。下車時，她揚揚手，說："陳生再見，有空飲茶。"

陳生陳生，又有人將我當作陳青楓。我倆果真那麼相似？對鏡自照，不像呀不像。但被人點錯相，那是千真萬確的事；"只緣身在此山中"，自己不覺而已。不過，可以肯定的是，我們的出身、經歷，確有相像處。

日前相約品茗，他出示一疊原稿：《回望傳媒五十年》。歸家翻閱，愈看愈驚奇，彷彿看到了自己。

在上個世紀五六十年代，香港是個窮困的社會。陳青楓在內地受教育，由小學讀到初中一年級，隨即回港，時維十四歲，在煤氣公司跟師傅外出安裝煤氣爐。托著重重的鉸鐵工具，重錘擊牆開洞，他一邊流淚，一邊慨嘆年紀太小了，"承受不起的重"。十五歲，改當風扇學徒，一年後滿師；但自覺不是這方面的材料，心所存者，乃"文藝"二字也。那年，一九六二年，終當了"文化練習生"，在《晶報》當學徒。此一"當"也，決定了他的一生，從此離不開文藝，離不開他手上那支筆，因為他遇到了一位名師——陳霞子。

入了《晶報》後，他開始瘋狂學習，同事下班後，他便在編輯部的一個角落，開了枱燈看書、寫稿、學繪畫，直到天亮方休。事為陳霞子所知，告誡他學習要專心，即是擇一門而專攻之。他終於選擇了寫作。但對繪畫仍深愛，終得拜楊善深為師，這是後話了。

無可否認，青楓的文技，是在《晶報》煉成的。他白話文流暢、三及第佻脫，就是師承陳霞子。

記得當年我寫《香港三及第文體流變史》時，曾問他有沒有陳霞子在《晶報》寫的文章，他搖搖頭，因《晶報》已幾不可尋。但他和鄭心墀都認為陳霞子是"三及第大師"。我書出版後，陳霞子的三及第文章，我才找到一些。

書中有外篇〈一代報人霞公傳奇〉，收錄了多篇紀念陳霞子的文章，包括他的兒子陳建生和李子誦寫的，值得一看。

一直不知道陳青楓是文社中人，看了他這本書才知道。上個世紀六十年代，文青突然湧現。一九六四年，他參加了文秀文社。這個文社的成員後來寫到名揚香港文壇的，有詩人羈魂和也斯。

他在文秀"是從自卑中站起來的"，社員個個出身不錯，羈魂是皇仁仔，也斯就讀巴富街官校。他說："也斯比我年輕，當時他大概十七歲，對文學的認識，特別是新思潮的現代文學，顯然比我眼界更高更廣闊。"

在《晶報》和文社的日子，令陳青楓的文筆就這樣煉成了。

《晶報》之後，他在報界浮沉。先是《田豐日報》，後為《新晚報》寫電視娛樂稿，再而任副刊編輯主任，跟著是《香港商報》的社長助理、副總編輯。

由出身到工作，看到陳青楓，就如見我的"畫像"。十餘歲我在社會低層工作，參加過文社，寫過風花雪月；入報館，寫專欄，做過娛記、新聞編輯，終於攀上高層，做過總編輯。無論生活和興趣，我們都很相像。

"紅褲子"出身的他，晚年在妙法寺"掛單"，任文教發展總監。南無阿彌陀佛，退休後的陳青楓，閑情繪畫，大寫清風禪去了。這點和我可不相像，他入了寺，我入了校，他逍遙，我忙透，且看何時"平途得步始行樂"。

香港樹仁大學新聞與傳播學系教授
黃仲鳴

序三

我的"畫外音"
—— 回望 · 感想 · 推介

陳青楓兄的《回望傳媒五十年》出版時，拙著《香港報刊與大眾傳播》已刊行半載，所以未能在書中加以引用和推介，現在看來實在有若干不足之處。我的書從一八四〇年代香港報業初興說起，直至二〇一七年付印為止，前後一百多年，是一冊提綱式的簡史，內容主要參考相關的文獻材料，很多地方仍待深入探討。

戰後香港報刊迅速發展，業界人士的傳記和回憶頗為缺乏，直至黃仲鳴主編的《數風流人物——香港報人口述歷史》（上、下冊）和青楓兄的《回望傳媒五十年》相繼出版，讀者才有更多貼切的資訊可尋。

我認識青楓兄，是在一九八〇年代經陳萬雄兄介紹，當時我已在香港浸會學院（浸會大學前身）任教，課餘熱衷於編書和撰文。我的年紀比青楓兄少些，但應屬同一代人，一九六二年他十六歲進入新聞行業時，我是個小學五、六年級學生，已開始看報，對《晶報》、《明報》等略有所知。升讀中學後，嘗試向學生雜誌和日報的學生版投稿，成功率幾乎有一半，曾經在《青年樂園》、《中國學生周報》和彩色印刷的

《天天日報》等雜誌報刊上刊登作品，賺點稿費，心裡很想做個文藝青年。

文社熱潮興起的那些年，我只算是個外圍參與者，因為喜歡寫新詩，較多出席詩社活動。曾經用滌平、易凡、凱舒等多個筆名，在《文壇》、《當代文藝》等文學刊物的詩頁上登場。直至大學一、二年級，仍然樂此不疲，間中在《大學生活》、《中大學生報》亮相，還做過《新亞學生報》編輯之類的職務。從來都對編輯出版意向甚濃，但始終是個門外漢，其後負責編印學術期刊之類的出版物，打擦邊球而已。寫新詩的事隨而淡出，只有萬雄兄偶爾稱呼我為新詩詩人。

香港報業最興盛的時候，我曾替日報和晚報的副刊寫專欄，後來把文稿結集，編成《潮流遠近——歷史的教與學》、《歷史絮語——教與學的文化情懷》兩書。這些短文都是在時間緊迫的情況下寫成的，當時沒有傳真機和電郵，提早寫完就到郵政局寄出，而以發稿當天親自趕到報館交稿的情況居多。事隔多年，間中翻閱舊稿，自覺文章似乎不錯，現時未必寫得出來。寫稿捱夜的時分，趕稿交貨的日子，回想起來歷歷在目，辛苦過後，看見文章登了出來，那種喜悅是無以言喻的。

我做過一陣子報紙副刊專版的特約編輯，主要是關於香港史地的周刊或雙周刊，經常出入報社和出版社之門，依然是在"門外看"的情況居多。換句話說，僅限於旁觀的學者和研究者身份。看報的習慣，則數十年如一日，報紙不分大小左右，有時甚至一天瀏覽十份八份之多。可惜近年來報紙的種類逐漸減少，每天只讀兩三份。至於幾份慣閱的周刊和月刊，就算不認真看也要按時購買的。

細讀青楓兄此書，腦海中一些疑惑的問題得到啟示，例如每個傳媒潮流興替的背景，報刊與電影、電視的密切關係，不同傳媒在社會上擔當的角色，以及新世紀香港傳媒前瞻等等。報人生涯的苦樂，青楓兄娓娓道來，我更欣賞的是"畫外音"的編排，把個人經歷跟時代步伐結合起來。所以書中呈現給讀者的，不僅是一個文化人的自傳，同時也是本地傳媒以至社會變遷的反映，互相呼應。

必須強調，香港多種大小報紙的副刊，五光十色，孕育了幾代文化人，他們有的成為著名作家、學者，有的在文教界和各行各業卓有成就。近年關於報紙的專題研究漸受重視，報紙副刊肯定有不少文化蘊藏，青楓兄在書中提供了重要的線索，往往三言兩語就點出關鍵所在。尤其是報刊文化的研究者，面對著成千上萬的舊報紙堆或微縮膠捲，有跡可尋，就不致茫然無頭緒。

戰後初期出生的世代，幼年生活一般都很艱苦，不少人嘗過做童工的滋味，我也略有體驗。讀青楓兄此書，彷彿看見自己的影子。我算是比較幸運的，一九六九年考入香港中文大學新亞書院，往後的職歷沒有太多轉折。當時我家的境況拮据，靠參加《華僑日報》報慶徵文得來的二百元獎金應付升學所需費用，大學時期又有兩三次得獎，至今仍心存感激。後來致志於中國近代史，成為中國新聞史的教研工作者，旁及香港報業發展，多少與此有關。

由於講授文化史的緣故，對北宋蘇軾以來的文人畫漸感興趣，寫過常州畫派對滬港影響的論文，及至收到青楓兄賜贈所著《楊善深的藝術世界》和《書畫人語》等大作，始知道他是嶺南畫派中人，在書畫方面素養甚深。不過我只是個書畫的觀賞者，今後或有機會要向青楓兄多多請教。

日前青楓兄告訴我，他的《回望傳媒五十年》即將印增訂版，希望我寫點感想，當初有些猶豫，怕文章寫不出來，內容不夠專業。及至執筆撰寫時，覺得機會難逢，可以藉此抒發拙著出版後的感言，今後繼續努力研究報刊之心又再回來了。《回望傳媒五十年》初版時，已有陳萬雄兄和黃仲鳴先生兩篇序，珠玉在前，不敢掠美。讀了青楓兄的書，勾起我的很多記憶，此文或可作為一篇"畫外音"，訴說我參與報刊事業的零碎經驗，又從回望到前瞻，以及鄭重向讀者推介此書。我對香港報業的未來持樂觀態度，當業界遇到阻滯的時候，大家不妨總結往昔歷程，然後堅定地以自信的步伐繼續前進。

香港浸會大學歷史系榮休教授
周佳榮

自序

六十八歲的時候，我在想：七十歲快來臨了，要做些什麼特別的事才好？

定下兩個目標，第一個是要寫一本自傳。把過去七十年歲月記敘下來，不為"表揚自己"，是感恩，感激這一生遇上那麼多好人好事。

另一個目標呢？孔子曰："七十而從心所欲。"今後就這樣放開懷抱地過活吧，人生無常，也不知道什麼時候蒙"主"寵召。活著，為了什麼？既然活著，就得好好地活著！

寫作本書，其實是在書寫過程中順道回顧一生。打從十六歲起投身新聞行業，一幹四十多年，此刻回望才發覺，我其實是"身在新聞界，實質文化人"，不論是編報還是書刊出版，以及從沒有停下來的寫作與書畫學習，全部都是與文化緊貼在一起的，即使籌辦多個慈善活動，也與"文化"兩字不脫鈎。

本書用上較多篇幅講述半個世紀以來報章副刊的變化，這是以局中人，即是參與者的身份來紀實，希望為香港報業史留下一點實在的內容。有關這些方面，我重紀實，譬如遇上一些"不可思議"之事，也是有聞必錄地寫下來，不重分析評論，大抵這就是新聞從業員的特質。

本書還特選了一輯外篇〈一代報人霞公傳奇〉，有我個人耳聞目睹的經歷感受，也有其他朋友寫的文章，藉此向我們的報壇前輩致敬。

寫作本書，是以隨筆形式出之，且嘗試一個新方式，以自身作為串子（每一章第一篇文），把那個大時代環境下周遭的人與事連貫起來（"畫外音"部分），就像用一根繩子把一顆顆珠子串連起來，結成一串佛珠。

本來想"一本正經"地、"大紋大路"地寫一篇序，卻想不到如此拉雜地談了一些感受。也罷，寫"序"沒有一定的規範，即使不按常理出牌也還是出牌，就這樣好了！

藉著出版增訂本，也好讓我在"自序"上增言幾句——我一生熱愛文化，也一生從事文化工作。三聯書店讓我坦蕩蕩地把這些記寫下來，真是有說不出的無言感激。

儘管對有沒有"前世今生"這回事仍打著問號，可我依然常撫心自問："我前世究竟做過什麼好事？今生竟能遇上這麼多好人好事！"

但願，來世能讓"我"重遇上這本書（這也算是"三生之約"）。

第一章

十六歲入行

一九六二年一月一日，我正式開始踏足新聞行業。那時十六歲，入《晶報》，從學徒做起。我們這些"學師仔"也不是真正的學徒，是稱為"見習生"吧，即是在編輯部裡"打雜"，掃地、抹枱、送稿，能否學到什麼，全看自己努力。

不要小覷這見習生涯，對我來說是終身受用，"捱"過這些"鹹苦"便知道學習與光陰的可貴，對往後幾十年有重大影響。在《晶報》十年的日子裡，我簡直像一頭"餓狼"——瘋狂地吸收學習。夜深了，同事都下班了，我便在編輯部一個角落裡開了枱燈看書、寫稿、學畫插圖，天亮了便更上層樓——回宿舍睡覺。

這種忘我的投入學習，也許被總編輯霞公——陳霞子先生發覺，一天下午，他把我叫到他的辦公桌前，劈頭第一句便是："你有幾多條命？"我莫名其妙，呆著。"你又學寫稿，又學插畫，還有其他興趣，你有好多時間嗎？學習要專心，只能選一項，你回去想清楚，明天告訴我"。

第二天，我站在他面前，說："老總，我決定專心寫作。"

"好，就這樣！"

《晶報》當年在威靈頓街的社址，樓高六層，算是"頗具規模"。

十七歲的我像"餓狼"似的學習，下班後通宵"刨書"、寫稿。

他也不多說。從此之後，我全心全意地幾乎把所有精力都集中在寫作上。十七歲開始寫影評專欄，二十歲開始寫小說。

寫"影評"，其實是編輯同事鄭心墀先生給了我一個很好的學習機會，我寫一篇五百字影評往往要兩三個小時，寫完又改，改了再改，當是一個學習機會，事實上也通過這段工作與學習結合的經歷，獲益良多。

在《晶報》幹了一年"後生"，然後升做校對，再升副刊助理編輯。每個階段都會有很好的學習機會，只看自己的態度如何吧！譬如做校對，看到不少作家稿件──雜文、小說，林林總總的，這就是一個很好的學習機會。我案頭擺放著一本《辭海》，遇上不大理解的詞語，便立即查看辭典。翻辭典的習慣，即是由此培養而來。

在副刊部，我從助理到獨當一面的版面編輯，都是跟隨兩位亦師亦友的長輩，一是在香港因寫"三及第"小說而著名的林嘉鴻先生（《大公報》副刊連載小說《懵人日記》作者，筆名"夢中人"），《晶報》的《西遊回憶錄》，是他長寫長有寫到退休才擱筆的連載小說。林嘉鴻原名林壽齡，是接陳霞子老總之筆而寫小說的。陳總原是《成報》的主筆，也是香港當時有名的"寫稿高手"，他可以化上多個筆名在同一版寫多個欄目（當年流行"包版"），而且不是一天半天之事，好長一段時間都是如此，這真是既多且好的多面手；到創辦《晶報》時，實在再沒有時間寫小說了，於是小說一環便由林嘉鴻接手。林先生畢業於廣州嶺南大學，也是才子一名。他教我寫連載小說時有這樣一番話："一開始便要製造動感，譬如寫恩怨情仇的，一開始便要打起來，打過之後才慢慢解釋為什麼要打，因為是一天天的連載，你先要吸引讀者，讓讀者有興趣看下去才好。如果人家一開始便感到沉悶，沒興趣看了，你以後寫得多精彩也沒用。"

這是寫報章連載小說的特性，我以後寫的連載小說，也自然地"沿此路走"。當然寫報章連載小說的另一個重要特性，是必須在每篇最後還要帶出一個小高潮，以作"下回分解"。金庸先生的武俠小說之所以給讀者以情節飽滿、高潮迭起的感覺，好大原因是它本來就是報章連載小說。

讓我說回在《晶報》任副刊編輯的日子。另一位亦師亦友者，乃劉晟先生（即後來在文字學及歷史研究上大家都熟悉的"容若"）。

劉晟年歲比我大，我當年十來廿歲，他大抵是三十出頭，但他的史學知識豐富得像一部字典，你問他某某皇帝在什麼時候登位，他會隨即告訴你該名皇帝在位多少年，為何被推翻，在位之時又做過什麼好事、壞事……林林總總都可以一五一十告訴你。他在《晶報》有一個連載欄目"太史婆講廿四史"，用通俗文字講中國歷史，很受讀者歡迎。

劉晟三十來歲時已經被稱為"翁"，大抵是因為他的老成持重。劉晟先生（容若）對我來說是真正的"先生"，他曾經每個星期抽出一、兩個早上教我古文，以《古文觀止》作講本，我讀諸葛亮的〈出師表〉也是他教授的。他是我真正老師——先生。

劉老師在《晶報》副刊還負責"街坊服務"版，每天半版，解答讀者來信，不論是天文地理、醫學常識、家頭細務，以及心理、修養等等，真可謂包羅萬有。他在這一版面裡有一個專欄，版頭是"通天曉"，其他便是特約"各路英雄"解答，譬如在當年香港文壇頗有名氣的詩人何達，負責解答年輕人的修養及戀愛問題，用的筆名是"尚京"；請來多位中西醫解答醫理，很具實用價值，也是當年全港十多份報章裡唯一的一個"版面特色"。我是其中一位"打雜"，逢過年過節的一些節令性問題便交由我處理，譬如中秋節快到了，"究竟中秋節的來源是怎樣的呢"？解答這些問題，其實也是很好的寫作學習。

說到寫作學習，又教我想回陳霞子總編。

他是一位不苟言笑的長者，但對晚輩的教導是重視的，像一位嚴父，他特地開闢了一個"怪論"專欄（"怪論"，當年很流行的一種寫作，特別是針對時事評論，用曲筆寫來，表面荒謬，實質言之有理，是很難寫得好的一個寫作模式），由劉晟、我、陳思國、吳在城四人聯寫，後兩位是與我同期出身的"後生"。霞公不是開一個"地盤"給你寫便算，他要我們寫好後交給他親自修改，發還給你才交由字房排版。這份教導後輩的苦心，在今時今日的報紙老總群裡還可以有多少？

說到霞公的誨人不倦、愛護晚輩，還有一事教我一生難忘。當年《快報》有一個很受歡迎的時事漫畫專欄，是放在第一版左上角的，作者嚴以敬，即是後來因畫"生活漫畫"而大受歡迎的阿蟲。我長期閱讀，十分敬仰，我自己也畫畫漫畫，有一次真是不知天高地厚，畫了一幅政治漫畫，雙手交到霞公面前，他看看，笑了笑，"你放低"！

嘩，第二天打開《晶報》，我這幅所謂"政治漫畫"居然刊登了。這幅漫畫畫得怎麼樣？幾十年後的今天，偶然地想起來還汗顏得"搵窿捐"，而當年霞公不但把它刊登在報上，而且放在第一版的顯著位置，可見他對後生晚輩的栽培是何等重視——雖然他平日還是不苟言笑。

副刊，百川匯流！

報紙，基本上是走在時代前頭，最低限度也可說是"與時並進"吧！

上世紀，即使到了七十年代，仍可以有所謂"文人辦報"，幾位志同道合的文化人各掏兩三萬元，湊起來便可以辦報。如果報紙暢銷，能站穩腳便會慢慢地擴大，由出紙一大張到兩大張，如果報頭下印著"出紙三大張"，已經是大報了。

兩大張紙的版面如何安排？通常第一版（報頭版）是本地新聞，"頭條"是按照各報章風格而取捨，如果是走大眾路線的，則會把殺人放火、桃色糾紛、家庭倫理慘劇等放作頭條。六十年代初期的標參"三狼案"，十分轟動，全港報章，無論大報小報全都集中火力"追新聞"，日日頭條，日日新鮮，簡直就像在看章回小說一樣。這宗新聞帶起了好幾家報紙的銷路，也同時把新聞作連環報導，新聞背景、傳聞及花絮大小俱全，開闢了"新聞副刊化"之路。

頭條新聞的標題為求搶眼奪目，在六十年代也出現過一些笑話，譬如逢女屍必稱"艷屍"，"一具艷屍浮碧海"，這樣的新聞標題夠"殺食"。

當年，相機尚未大行其道，拍照是奢侈的事，一般人家也只是到照相館拍張全家福，而且喜歡用相架掛放在牆壁上。有些報社為鼓勵記者"刮料"而作金錢獎勵——如果找到該新聞人物的照片，刊登出來後打賞五大元（當年三毫子一碗魚蛋粉），於是有趣的事來了：記者入屋後有理沒理都第一時間從人家的相架上拿取照片。在當年，記者為了順利入屋，按鈴後屋主問："誰？找誰？"記者往往會大聲答一句："差人！"嘩，差人（警察）找上門，大件事，立即開門。至於開門後如何解釋是記者還是差人，那是另一回事，有些行家索性"扮嘢扮到底"，把記者證在屋主眼前晃動幾下，以此作為警察證件，跟著便好像錄口供一般盤問起來，與此同時，當然也少不了第一時間拿取相架裡的照片。還得說明一下，這種採訪作風只是五、六十年代之事，後來當然沒有了。

好，說回報紙版面編排。

第一版是放較重要的港聞，第二版也是港聞，只是比較一般性的。重要的國際新聞通常放在第四版，即是第一張紙的封底；第三版是內版，是次要國際新聞，一些特稿及"花邊新聞"都放在這裡。

至於第二張紙，頭版多是體育消息。當年的所謂體育，也只是清一色的本地足球，遇上大賽，還會把那則預告作第一版（報頭版）的頭條處理，譬如"大球場今日上演南精大戰"（即是南華對精工），也把兩隊陣容連同球員玉照一併刊登。

其實，第二張紙最為重要的版面是內版內容，是打開來的兩大版副刊，這是六十年代至八十年代的報章"靈魂"，最受讀者歡迎，亦即是所謂"擔紙版面"了。由於其他內容，港聞也好，國際新聞也好，以至體育、馬經、娛樂，各報可以大同小異，惟獨副刊是各有各的精彩，副刊是決定勝負的"陣地"。

兩大版副刊，通常一方是小說，另一方是雜文版。在一整版裡又好像現在的"劏房"，間上十多廿個框框。與其用"劏房"這一詞語來形容，倒不如就拿回當年五、六十年代的居住環境來說吧！在那艱苦的歲月裡，一層一千幾百平方呎的唐樓住上十多廿夥人家乃平常之事，"包租公"照例住騎樓大房，有窗（三面單邊的新樓設計，是七十年代後才正式開始），其他是一間間板間房，甚至在冷巷也塞上三幾張碌架床。

報紙副刊的分佈便有類似情形。

被視為最重要的一篇，會放在顯著位置，如果是小說，還會配上插圖，插圖就好像"包租公"大房裡擺放的一瓶"靚花"，令我印象最深刻的，是《紅綠日報》。當年香港報章小說四大才子之一的任護花，他的那篇每日完的言情小說，兩三千字，就橫放在小說版的下方，每篇均配有一幅由李家裕繪畫的精緻插圖，這是"擔紙"小說。任護花是《紅綠日報》社長，另有筆名周白蘋，是廣東鶴山人。他原是廣州報人，後來來港，抗戰勝利後復辦《紅綠日報》，改為每日出紙一大張（《紅綠日報》之前是"三日刊"），雖仍是小報格局，卻可以說是"小報群"裡的表表者。如果你訪問今天年過半百的"登陸"（滿六十歲）人士，問他們是怎樣成長的，他們可能會說："我地係睇《紅綠日報》金博士專欄（即"金巴里羅頓博士信箱"）長大嘅！"

怎麼回事？原來，香港長期以來缺乏"性教育"，所有報章彷彿對此都十分忌諱，惟獨《紅綠日報》設有這樣一個專欄，每天解答有關性事。更重要的一點，是它會真真正正去解答性問題，是知識性的，不故作高深，更非後來有些報紙借題發揮的搞色情。

這裡也順便說明一下：所謂"小報"，主要是對它的篇幅而言，"小報"兩字，不應作"貶詞"看待。

一下子似乎扯遠了，讓我說回版面分佈。

一位出色的副刊編輯，他會把篇幅細小的專欄放在較顯著的位置。作為編輯，你對待每一篇稿都得像對待自己的親生子女，也就是無分大小了。那些年的報紙副刊，是真真正正的百川匯流、百花齊放，真正做到雅俗共賞：新詩、舊體詩，以及打油詩並存，也有教你家頭細務、電器維修，簡直就是一部"百科全書"。

小說版同樣是一爐共冶，既有言情小說、武俠小說、偵探小說，也有歷史小說、傳記小說；有面積像"豆腐"大小的一天完"迷你小說"，也有大篇幅的長篇連載；有文言寫的，也有方言、"三及第"，當然還是以語體文（白話文）為主。

研究通俗文學的學者，似乎忽略了一環，在南來作家中其實有好幾位來自上海的，他們在報章上寫的小說，在文字運用上也帶著濃烈的地方色彩，譬如馮鳳三（即大家熟悉的流行曲〈今宵多珍重〉的填詞人），他在《晶報》的連載小說便值得研究（馮先生的字跡十分難辨認，我當年在《晶報》任校對時，高雄先生的字、陳霞子先生的字都難不倒我，但面對馮鳳三先生的字跡，真是"冇晒符"。他的字，在《晶報》排字工人中也只有一位姓簡的能看得懂。處理馮先生的稿件比其他作家都來得辛苦，就因為他的字難認，每家報紙的稿都必須他自己親自前往校對）。

我打從六十年代中期便開始編副刊，無論後來在哪一家報紙任職，我仍然會主持副刊，對編副刊興趣特濃，特別是在"埋班"（邀請作者）與版面設計上，可以日以繼夜、廢寢忘餐的樂在其中，用句廣東俗語來形容："真係好鬼過癮。"

金庸小說連載

這是一幅珍貴的懷舊圖片（見下頁），金庸先生的武俠小說《碧血劍》，便是從一九五六年一月十九日《香港商報》副刊開始連載的，這是第一篇連載的插圖。插圖作者是雲君，他在《香港商報》為金庸武俠小說配圖，可以說是錦上添花。雲君的插畫具中國

畫特色，在五十年代至七十年代，他的插圖都是很多讀者的追捧對象。

七十二家房客

在上世紀，香港報章副刊的處理十之八九都是"七十二家房客"的，即是一個版面分割成多個小塊，刊登特約作者寫的專欄文章，我們行內術語稱這些"專欄"為"地盤"。作者的"地盤"愈多，說明要寫的專欄愈多，像高雄（三蘇）先生，大抵每天要"爬"十多個地盤了。他最難得的是，無論小說還是雜文，他都有出色表現。我自己的正職是編輯，每天只能抽空寫三、四個專欄，就這樣年復一年地持續寫上十年、二十年。今天回望一下，也詫異於自己當年何來這麼多精力？大抵一想到供樓、供兩條"化骨龍"讀書，精力自然來！

此處刊登的存報（見下頁），是一九九〇年《星島晚報》的副刊，由於有文友寫上小弟一筆，故把報章保存下來，今天正好用上以說明上世紀報章副刊的版面設計。

不過，到了九十年代，報章副刊已開始"日落黃昏"，像《星島晚報》已把兩大版壓縮成一個版面，上半版是雜文（都市風），下半版是連載小說（傳奇）。

副刊版面分割成多個"地盤"，宛如現時的"劏房"。

26

第二章

青葱歲月

從十六歲到廿五歲這陽光燦爛的十年，我在《晶報》，也就是說，我的青少年生涯都在《晶報》度過，這是令我畢生難忘的歲月——如果有轉世再來，相信無論再轉多少遍，這十年依然是自己的難忘歲月。

十六歲，那是一九六二年。這之前，我做了一年"風扇學徒"，在這一年的學徒生涯裡，我真真正正體會到了何謂艱辛，早上七時半開工，一直幹到晚上七時，如果趕貨，大概九時半才下班。洗過澡後已經要開帆布床睡覺了。那時候當學徒是在工廠住宿的。一年後我已全面掌握製造吊扇的技術，包括鑄鐵、做變壓器（俗稱"火牛"），於是升為"補師"，薪金差不多有一百元，比一年前的月薪五元，可謂人工"大躍進"。

不過，我的興趣不在於此，體內的"文藝細胞"其實打從十歲八歲讀小學時已萌生起來，即使在這段非常艱苦的學徒生涯，我收工後還是會不時拿起《紅綠日報》臨摹李家裕先生的插圖。他的插畫別具一格，畫得細緻非常，在畫面上無關重要的一部汽車、一個花瓶也都極其精緻地表現出來，那些"靚女"更不用說了。

人生何處不相逢？

十五歲當風扇學徒的時候，我（左一）與廠裡工友到維多利亞公園
籃球場打球。今天我亦不時到這個籃球場緬懷往事。

後來我入了報行，認識了多位插畫家，做了朋友，當然也包括李家裕。

　　由於"文藝細胞"一直埋藏在心裡，一旦有機會入文化界，即使是掃地、抹枱也不相干，我於是不做"師傅仔"而去做"文化練習生"。

　　如果認真算起來，十五歲做電器學徒還不是我的第一份職業，這之前，還做了一個多星期"童工"，是在煤氣公司跟師傅出街安裝煤氣爐。

　　那年十四歲，托著沉重的鉸鐵工具跟在師傅後頭。幾十年後的今天，我還是記著這一幕──在港島銅鑼灣百德新街"大丸"百貨公司後的一個住宅單位安裝煤氣，當年能夠用上煤氣的，都是高尚住宅。我以重錘鑿牆開洞的同時，也在流淚，年紀實在太輕了，這是承受不起的重。流淚的同時我也下了決心，將來一定要住上這些高尚住宅。

　　其實當年那師傅待我好好，只是自己太年少了吧！一個早上，在土瓜灣煤氣公司總部準備帶工具跟師傅上街，一個洋人在鐵梯上看到我，指著說："這是誰帶來的？年紀太小，我們不用童工！"（講的是英語，其意思大概如此）失業了，我在家裡做"待業童年"，半年後才做風扇學徒的。

　　請不要嫌我嚕嗦，讓我再向前推說一下那些"青葱歲月"。我是在香港贊育醫院出生的，那時候家住西營盤第一街。在我七、八歲時，父親把一家人送回家鄉——響應祖國號召嘛！那是一九五二年。

從小學一年級到初中一年級，我都是在內地接受教育。在學校讀書的日子，是一生人最難忘的歲月，相信很多人都是這樣。

"三面紅旗"的日子、"大躍進"的日子、"人民公社"的日子，以及瞓山頭"土法煉鋼"的日子我都經歷過。

小學畢業後，考上中學。

對很多農村孩子來說，當年考中學真是"一考定生死"，倘若考不上，便得在鄉間耕田，可能做一世農民了。所以有些落第的同學，不管家庭經濟如何捉襟見肘都要籌錢另考"華僑中學"。我是從香港回來的，可以隨時返香港，所以考上考不上也無所謂，但很為其他同學擔心。那些年考升中試如上京赴考，我們的試場在虎門區太平鎮中學，需要考上三天，所以晚上就在課室把書枱併合起來，再鋪上禾稈草便是睡床了。

當年的考試也弄出過一點笑話，那一屆是中國首次設"政治科"，老師們全都不知道會考些什麼內容（就好像現在香港文憑試新設的"通識科"），我們由校長親自授課，他教"日內瓦會議"之類的內容，殊不知升中試的政治課考題，只不過是"五星紅旗的五星代表什麼"之類，而"日內瓦會議"這些國際議題，是考大學時才會用上的。幸好那一屆的考試成績，我們沙頭小學是全區之冠，有十多位同學考上。倒要說清楚一點，個別考不上的同學並不等於他的成績差，而是因為所謂"家庭成分"問題而給剔除的吧！這就是當年社會造成的"命運悲劇"。

畫外音
腦袋裡的“濤聲依舊”

讀完中一之後，我便返回香港，開始我的“童工生涯”了。

即使到了五十年代末，做學徒仍然是需要“舖保”的。何謂“舖保”？即是要交保證金做舖頭擔保，怕你未“滿師”而中途不幹，又或者有什麼破壞損失，那就沒收這份保證金。

當年的“學師仔”，不但要做最辛苦的工作，很多時候連工錢也沒有，只供你兩餐，晚上睡在工廠。我當年一開始便有月薪五大元，算是“有糧出”了。每月拿著這五大元，不是說得誇張，連留下來吃早餐都不夠——雖然所謂早餐只是到大牌檔買白粥、“油炸鬼”。每月總是要家人支援的。我十分記得，當年自己做學徒最渴望的，是每月出糧時能夠到茶樓購買一隻糯米雞。

當年的學徒生涯是相當艱苦的，但窮等人家，既無錢升學，唯有一技傍身。“世界函授學校”有一句口號，幾十年後的今天我還會記著，那口號是“一技傍身，勝百萬家財”。當年的百萬家財，在今天大抵要改寫為“半億身家”。

我們一生人中，最愉快的是哪一段光陰？大抵很多人都會說：是小時候讀書的日子。

是的，做學生是多麼快樂（今天的考試壓力、升學壓力又另當別論）。小時候，我們朝夕相處的這些"同學仔"，無機心、無利害衝突，都是一派純真的，連青梅竹馬的"追女仔"亦如是。

與我相識超過六十年的小學同班同學陳萬雄（退休前是聯合出版集團總裁），當大家憶述當年的讀書生涯，便會眼睛發亮，又回到那無邪歲月去了。小時候周遭的人與事，對一生的影響深遠。有一次，我與萬雄談起來，彼此都同意一點，我倆踏入社會後，在學習與處事各方面之所以不隨波逐流、具有獨立思考精神，這些特質完全是受了班主任葉留維老師的影響，他不但自己是一位獨立性強的人，他還培養我們這些小孩子的獨立人格。

唉，這樣出色的教學專才，"反右傾運動"一來，還可以原地立足嗎？不久便被調走了。但他播下的種子，為我們一生打下了重要基礎。三十年後，我與萬雄到東莞莞城一間中學去尋找這位尊敬的老師，哈，他性格依然，對某些事情依然"不賣賬"——雖然臉上已增添了不少歲月滄桑。

"三歲定八十"這句話語，在今天回望起來，倒也覺得言之有理。

我從六、七歲開始已喜歡塗鴉，小學時拿著《三國演義》連環圖套裝的其中一本，可以不理"天昏地暗、日月無光"地埋頭臨畫。這套上海出版的連環圖，是連環圖裡的精品，後來香港新雅圖書公司再版，我當然立即選購，將其完完整整地擁有，這是一生的擁有。

有些物事，你要一生的擁有也只能夠在夢中。

鄉間有一個小山崗，山崗上有十餘棵非常粗壯的松樹，應該是兩個人也合抱不上的老松。我很多時候放學後便獨自走上這小山崗，睡在松樹下，靜靜地聽著松濤的聲音。（你聽過松濤嗎？）風過處，濤聲嗚咽。六十年過去了，腦袋中濤聲依舊。

此刻想著、想著，眼睛忽然紅了起來，腦袋裡換上另一個畫面——老松沒有了，小山崗沒有了，山崗下的良田與魚塘也沒有了，這裡已換了面貌，一座座別致的小樓房出現在眼前……

於是，寫了一幅畫，並"老天真"地寫上幾行詩句（三十多年沒有寫新詩了）：

故鄉的容顏不復存在

今夜星閃閃　　只在

昨夜夢魂中

今夜星河

青楓

此圖原作贈予交情逾六十載的童年好友陳萬雄兄。

第三章

在 "文社" 中成長

對於上世紀六十年代風起雲湧的文社潮，今天六十開外的文藝愛好者都會有所聽聞，甚至是當年的參與者。大抵從五十年代末開始，直到一九六七年吧？"六七年" 是香港一個值得我們牢記的日子，又或者對某些人來說是耿耿於懷的日子，那年有 "五月風暴"，社會上有兩種取態，一種稱之為 "暴動"，另一種是將其定性為 "反英抗暴"，就讓我們中性地稱為 "五月風暴" 吧（有關這一則，留待第五章再說）。

"文社潮" 在一九六七年 "五月風暴" 前後落幕，那只是一個巧合日子，充其量只能說是 "借勢" 而下吧！社會有動亂，沒有什麼心情談文說藝，而且 "風暴" 過後帶來反思，也就趁機 "鳴金收兵"，加上香港政府當年是痛定思痛，搞一連串製造繁榮安定的活動，譬如搞香港節，為年輕人辦舞會、辦歌唱比賽、組織樂隊之類。電視廣播有限公司（即無線電視，簡稱 TVB）也是在這一年 "風暴" 過後成立的，那是一九六七年十一月十九日，啟播那天風雨交加。

我在一九六四年參加 "文秀文社"，當年十八歲。社長是胡國賢（詩人羈魂），他當年是 "皇仁仔"（男校，皇仁英文書院），雖是中學生一名，但中文很好。

第一次參加他們的聚會，是在梁秉鈞（也斯）家裡。也斯家住北角，算是小康之家吧，我們十餘人便在他家客廳開會。也斯比我年輕，當時他大概十七歲，就讀於巴富街官立中學（即現在的何文田官立中學）。也斯對文學的認識，特別是新思潮的現代文學，顯然地比我眼界更高、更廣闊。後來每次見到也斯，我都心有愧意，原因是借了他那一套《好望角》合訂本沒有還給他，就因為我轉借給另一位文友，他沒有還給我呀！

加入文秀文社，我是從自卑中站起來的。

人家風華正茂，意氣風發，正是前途無可限量的求學少年。我呢？年紀與他們相若，可已經工作好幾年了，如果我有一個正常的求學環境，當年大抵已經準備考大學。

自卑帶來的，會有兩種後果，一是因為自卑而從此沉淪下去；另一種，因為自卑而帶出謙卑，從而令自己更努力更堅強地站起來。

我是後者。所以自卑於我，只是力量之源。

文社潮的興起，有兩個社會因素，一是當年社會沒有什麼娛樂及其他的文化活動，年輕人喜歡文藝也是自然之事。此外，報章、雜誌也有較多版面讓年輕人發表文章，《星島日報》、《天天日報》都有文社版，周報如《中國學生周報》及《青年樂園》都有年輕人發表文章的園地。六十年代至七十年代，還可以容納多份文藝雜誌，如《文壇》、《當代文藝》、《伴侶文藝》、《海洋文藝》，還有由星島集團出資、美輪美奐的《文林》，雖然僅出版了幾期便"落閘"，但教一眾喜愛者緬懷不已；《純文學》還刊登了胡金銓編導的電影《龍門客棧》的文學劇本。藉著"文社潮"而掀起年輕人的文藝熱潮，社會上又有適當的土壤培植，像我等現在這些"文藝老年"，就是在當年"文社潮"下成長起來的。

"文社潮"的湧現，是社會風氣使然，"社會"是什麼呢？就好像大地泥土，植物生長也必須有土壤去培養。

說起這些"文社土壤"，讓我聯想到兩份刊物，其一是《中國學生周報》。當年我寫了一篇評論粵語片的文字，好像是從楚原編導的電影《可憐天下父母心》出發來談粵語片，此篇蕪文不但刊登了，還收到當年《中國學生周報》電影版主編陸離女士一封千餘字的來信，她希望我繼續為他們多寫有關粵語片的評論。當年，在西方思潮影響下，《中周》的影評台柱如金炳興、羅卡、吳昊等都是"一路向西"，特別是電影新潮，如意大利的新寫實主義（又稱新現實主義）、法國新浪潮等等，我從中也吸收了不少知識，很感恩。

不過，恐怕當年真正關心本地電影的"學院派"影評人並不多（國語片如張徹、徐增宏和胡金銓等仍未崛起），而陸離女士卻是有心人，她的“有心”，幾十年不變。教我感動的就是她向一位並不認識，僅僅是投稿的寫作人，花這麼多時間寫上一封甚具鼓勵作用的信件，這份心意一直讓我記上幾十年；後來認識了石琪、羅卡，也沒有向他們說及這樁事——好了，現在好了，現在寫出來了，舒了一口氣。陸離女士那封信對我往後的編輯生涯頗有影響，我也學會了認真地、真誠地對待一些新作者。

至於另一份“文社潮土壤”的刊物又是哪一份呢？就是《天天日報》。《天天日報》把“文社潮”推上一個更高層次的階梯，那時候，他們有“天天評論”版，很多文學思潮都在評論版上出現過，是以辯論為形式的，也就是所謂的“筆戰”。從這些“筆戰”中可以引發我們的思考、分析。當然，從來“筆戰”十之八九都是“沒有好收場的”，到了最後雙方意氣用事，潑婦罵街的有之，尖酸刻薄、揭人隱私者有之。幾十年後我還記得，當年《天天日報》的評論版編輯懂得“見好就收”。雙方罵上若干篇後，便下令“鳴金收兵”。因此，當年看這些文化論戰、文學論戰之類的，還是有很好的收穫。後來與崑南、林真交上朋友，也禁不住對這兩位老兄說：“我是看你們的論戰文章成長的。”

不知是不是受“筆戰風”影響，後來與李文耀兄成了朋友，大家說起來也不禁哈哈大笑，我說：“噯？

當年我與《大學生活》雜誌那位仁兄筆戰，原來那人就是你！"

大家呵呵笑著，不是什麼"一笑泯恩仇"，而是笑那"少年不知天高地厚"！

"文社潮"結束迄今四十年過去，今天依然有人不斷地談論著。寫本文時，正好是《明報月刊》組織了一個"文社潮專題"，我看罷，又引起浮想聯翩。

我十分同意一些論者的說法。當年的文社活動，儘管大多是"中學生文章"，但卻孕育了以後的香港文學活動，而且當年的"文學仔"，後來還在很多文化崗位上有所堅持，甚至是有所作為的！很有趣，今天我們"老"朋友相識時，往往會自然地問上一句："咦，你當年是哪個文社的？"可見文社活動之影響深遠，它像種子萌芽，萌芽的階段當然沒有什麼大貢獻，也是幼嫩的，但粗粗壯壯的大樹不都是從幼苗成長起來的嗎？我很不同意某些人將當年文社的成績一筆抹殺。請柯振中、吳萱人、羈魂、許定銘、陳浩泉諸位參與文社專題討論的大兄，不必介懷，文社的貢獻不是某些人可以抹殺得了的。

柯振中先生在"文社潮"專輯裡寫的回憶文字，以〈值得紀念的名字〉這一則作為文章終結，他寫下的一大串人名及文社名稱，可勾起我不少聯想。你看後可也會有同感？且讓我把這一則文字轉載：

時至今日仍然發光發熱的參與過一九六〇年代文社運動的隊員，起碼有如下所數：黃俊東（克亮，"微望社"）、戴紫玉、潘耀明（彥火，"豪志社"）、許照中（"文聲社"）、黃國彬（"清風社"）、陳婉瑩、何步正（喬正，"華菁社"）、岑逸飛、黃維樑、古兆申（古蒼梧）、許定銘、楊懷康（"芷蘭社"）、馬覺、羊城、西西（"阡陌社"）、余玉書、盧蒼（"海棠社"）、路雅、吳昊（已逝，"藍馬社"）、羈魂（胡國賢）、陳青楓、吳煦斌、也斯（梁秉鈞，已逝，"文秀社"）、蕭幸添（丙心，"浮萍社"）、吳宇森（"松風社"）、蘇賡哲（安東，"宙魂社"）、水禾田、黃仲鳴、李文耀、馮耀明（"晨風社"）、洪清田（"春蕊社"）、邱立本、冼杞然、吳萱人（吳宏文，"浩虞社"、"華萃社"）、鄭宜迅、李紹明（"烈焰社"）、草川（張牧，"座標社"）、關夢南、李家昇（"秋螢社"）、陳翹英（"香港青年筆會"）、陳浩泉（"青年文協"）、梁煥釗（三木）、董夢妮（李文庸）、楊蔚青（楊迅）、余海虎、蔣英豪、吳水麗、鄺劍馨、王子沐（王蔚）、柯振中（"風雨社"）等。

文學名著《天地一沙鷗》主角小海鷗約拿單說過一句話："你有自由成為你自己，你真實的自我。"謹以此話為本文作結。

二〇一五年一月六日寫於南加州洛杉磯

老了的 "文青"

　　上世紀五、六十年代風起雲湧的 "文社潮"，對往後香港半個世紀的文藝思潮其實有著潛移默化的深遠影響。

　　一九六八年，陸離繼羅卡之後出任《中國學生周報》電影版編輯，她寫了一封〈編者的信〉給我，近五十年後的今天（二〇一七年十月二十八日），我們才首次正式會面。那是吳承歡主催的飯局，同枱吃飯者除石琪、陸離夫婦外，還有金炳興夫婦、羅卡夫婦、李默，以及章國明兩口子及其女兒，今天章女也入行當編劇了。面對這些當年的 "文藝青年"，可怎也禁不住再來一句 "文藝腔"──"你這無聲消逝的歲月啊，留給我們的是一臉的滄桑！"

與石琪、陸離合影。這是 "五十年一照"。

畫外音一
《天天日報》印製偽鈔？

在這一章裡，我寫"文社潮"而談及《天天日報》的評論版，於是想起前輩朋友韋基舜先生，有一段日子沒與他聯繫了，也想與他談談他擔任《天天日報》社長時的種種變革。

在他的辦公室坐下來，一談就是兩三個小時，他是"香港歷史活字典"，在聚談中他談及《天天日報》的一椿官司，十分有趣，也不妨在這裡詳述一下，作為香港報壇的一頁"趣史"吧！

今時今日的報章傳媒，已到了"語不驚人死不休"的地步，當年《天天日報》的那椿官司，如果放在今天，有些報紙會很自然地大字標題曰："《天天日報》涉嫌印偽鈔被查"。

這樣的標題有錯嗎？不見得錯，但真的涉嫌"印偽鈔"嗎？又不是！

"韋翁"說："當年是有利銀行發行新鈔票，我們《天天日報》是全港少有的一份彩色印製的報紙，於是採訪主任張寬義決定以原鈔大小、正反兩面，同時把鈔票印在報上。出版那天早上，我在家裡看報紙，一看之下，暗叫一聲：'弊傢伙！'立即撥電話回報社，叫員工儘快把剩下的當天報紙搬入我辦公室內，我立即回來處理。誰知，我還未踏進報社，警察已經來了。據說有位男士把我們報上印出來的鈔票圖片正反兩面黐貼起來，然後拿到有利銀行換散紙，於是警方便來查辦了！"

這可有趣，也可見得《天天日報》彩色印製的傳真度。

"事情還未了，""韋翁"說："當年所以成為大新聞，是警方還以此控告我們印製偽鈔。我當年聘請張奧偉、沈澄兩位大律師答辯。這樁官司最後還是我們勝了。勝在什麼地方呢？有利銀行既然是開記者招待會介紹新鈔發行，即是變相授權刊登。既然授權宣傳，又怎會是印製偽鈔呢？這樁官司發生後，以後所有介紹發行的新鈔，都要打上'樣本'兩字。"（當年香港有權發行新鈔票的三家銀行分別是滙豐銀行、渣打銀行及有利銀行）

《天天日報》是一九六〇年十一月一日創刊的。當時香港已有彩色電影，但報紙還是停留在黑白階段，環顧全球，似乎也沒有一份報紙是彩色印製的，所以《天天日報》創刊號夠膽在報上號稱："全世界前所未有，中國人爭得第一。"當年的創辦人是"韋四少"韋基澤先生，他曾留學英國學習印刷。出版年多後，《天天日報》再由"韋八少"韋基舜接手打理，那年"韋八少"還未到三十歲，是真真正正名副其實的後生小子。

"韋翁"憶述:"我們的彩色印製,的確吸引讀者,廣告也多,但經營成本亦相應增加,譬如廣告吧,全港報紙都是黑白,充其量是套紅版,人家廣告公司設計廣告,一個式樣便可複製多套,但卻要專程做一套彩色給你《天天日報》的話,成本增加,索性不落你廣告了!無法,我們唯有自己兼顧上彩色廣告的製作,這在成本與時間上便很有問題,所以經營起來並不容易。"

儘管如此,《天天日報》的彩色印製還是很吸引讀者,一九六三年再下一城,出版《南華晚報》。雖然《南華晚報》不是彩色印製,但都是柯式印刷,每天均有半版"艷女郎"的"玉照",柯式印刷效果甚好,這半版艷照便成為"殺食"的擔紙版面。

當年香港報業十分興旺,早、午、晚、夜四批報紙出版。到了七十年代仍是如此。早報是主要"戰場";中午十二時出版的"午報"也有好幾份,其中《正午報》的"狗經版"號召力特強,那是"食正"澳門賽狗熱潮,在香港外圍賽狗投注遍地開花,《正午報》銷售在最高峰時期每日十餘萬份。

午報發行兩個鐘頭後,即下午三時許,《星島晚報》、《新晚報》相繼出版。後來更發展到"夜報",即是黃昏六時後發行的。有這麼多報紙,早、午、晚不停出版,完全是拜交通所賜。當年仍未有海底隧道,人們上班、下班都是坐渡輪過海的,正好順便在船上"嘆"報紙了（就好像今天你在"地鐵"見到不少人垂下頭在"篤手機"）。海底隧道一出現，晚報立即"陰乾"。"地鐵"這條"地龍"出現之日，便是晚報敲響"收檔"警鐘之時。

　　時代是不斷向前發展的，我們與時並進就是了，沒有什麼好嘆惜的！

報章的漫畫與插圖

　　我們常說：“皮之不存，毛將焉附！”看來，報章副刊的小說插圖，也可以拿這話語來形容。

　　插畫，完全是報章小說的附屬品。話雖如此，過去半個世紀以來，插畫也有一個重要位置，不下於流行在上世紀六、七十年代的報章漫畫。那年代是報章漫畫及連環圖的全盛時期（與報章小說插圖的盛行，可謂並駕齊驅）。那時候，幾乎每份中型、大型的報紙都設有周刊漫畫版，譬如《星島晚報》；有些還是以三分之一版面天天見報，譬如《晶報》及《新晚報》，是完全公開接受投稿的。《新晚報》還與電影公司合辦了一次漫畫比賽，當年正值制水期間，影片和漫畫就以制水為題材，我記得那部影片是由陳厚主演的《為誰辛苦為誰忙》，而我的一幅漫畫也入選了，得到稿酬十五元（當時一般稿酬是三元，五毫子能買一碗雲吞麵）。有些報章雖然不設漫畫版，但總會在版面上安排上一、兩則漫畫，有單幅的；也有四格、六格構成一個故事，譬如王澤的《老夫子》、董培新的《波士周時威》，還有許冠文的《財叔》。當然，與《老夫子》一時瑜亮，寫到大出單行本的，還有李惠珍的《13點》。這些都是從報章上發展開來的。

　　我說六十年代是漫畫的全盛期，單看那時居然可以出版《漫畫日報》便可知道。筆名"楚子"的書畫家鄭家鎮，他的徒弟麥正，還有李凡夫、李聲祥等一大串名字，都是那時《漫畫日報》的台柱，用句俗語來形容，他們真是畫漫畫畫到手軟。至於後來的黃玉郎、馬榮成這些殿堂級人物，則是第二浪，他們實際上是連環圖而非漫畫，也與報章副刊無關，而是單獨地出版"漫畫書"。黃玉郎也出版過"漫畫報"，到底只是曇花一現。

好，話題扯遠了，談回報章插畫。

六十年代早期，我有看《香港商報》的習慣，雖然不喜歡看武俠小說，即使是金庸先生寫的也如是，但很喜歡看《香港商報》武俠小說的插圖，由姜雲行先生繪畫，筆名"雲君"。一幅幅插畫就好像一幅幅國畫，很有傳統筆墨的韻味。那時不認識雲君先生，到了二十年後，才第一次在書店遇上，由朋友介紹認識。

"啊，你就是雲君！"我們說了一陣子，可惜來去匆匆，未有進一步聯繫，沒多少年，他"走"了。真是留下一連串的遺憾。

雲君的插畫，真可以稱得上"作品"，充滿傳統文人畫意味，這又豈止是插畫咁簡單。其實好些插畫者都有自己的畫風，譬如李家裕的插畫，線條細緻，雖見呆板，卻是另一種風格；黃鳳蕭先生則寫時裝，並且是以連環圖為主，線條靈活，人物生動，西洋味較重；高寶女士（高雄之妹）寫時髦女郎著稱，特別

李家裕的插畫線條細緻。

高寶擅長畫時髦女郎，有不少粉絲。

是為時裝雜誌繪畫彩色插圖，本身便值得獨立欣賞，事實上有不少讀者是為看她的插畫而購買那些雜誌的，我後來出版的一本小說也邀請了高寶女士畫了幾幅"靚女插圖"。

三年前，我在黃金先生的畫展上，遇上董培新兄。我說："好啦，相請不如偶遇，我正想找你談談當年的插畫生涯。看完畫展後，飲茶去！"

於是我們師兄弟在茶餐廳裡暢談個把鐘頭。之所以說與董培新是師兄弟，是這樣的，董兄退休後移居加拿大溫哥華，剛好楊善深老師也移居於此（我一九八四年隨楊善深老師學畫，楊老師於一九八六年移居溫哥華），於是，董兄有機會拜師學藝了，我們因此而成了師兄弟。當然，他這個遲來的師弟在畫藝上比我高明得多，又怎會是真正的師弟？特別是在人物畫方面，足可以做我的老師！

董培新的出身，也像我一樣，都是十五、六歲由童工、少年工做起，他初時在祥記書局，開始以插畫作為全職工作，那年是一九五八年。

我說："你近幾年很專注地畫金庸先生筆下的武俠人物，畫得很認真的，但你說過畫了幾十年報紙插畫，卻從沒有畫過金庸的武俠小說，是怎麼回事？"

董："不是不想畫，事實上，我還非常'恨'畫（恨，廣東俗語，很希望之謂也）。我告訴你，當年環球公司出版過不少書報，包括《新報》、《武俠世界》，還有《藍皮書》，以及後來的《新知》周刊，與此同時也出版很多流行小說。我雖然不是他們的正式員工，但我是特約插畫作者，他們對我唯一的要求，就是不能為《明報》畫插畫！"

"噯，還有這樣的要求？為什麼？"

"就因為《明報》金庸武俠小說是《新報》的競爭對手！"

"啊，明白了！你一直沒有機會為金庸的武俠小說作插圖，就是這個原因。"

"其實呀！"董培新陰陰嘴笑曰："雖然沒有直接為查先生的武俠小說畫插圖，但總還是沾上邊呀！當年祥記書局有一位姓張的作者寫了《射鵰英雄》前傳與後傳，也為梁羽生的《七劍下天山》寫了前傳，都是由我畫插圖的。"

那倒有趣，原來"前傳"、"後傳"都與金大俠、梁大俠無關。當年報章上除了刊載這些新派武俠小說外，還有一些受歡迎的作者本身是習武之人，譬如我是山人、朱愚齋等，他們寫洪熙官、三德和尚等，著重表現真實的功夫，提倡習武風氣，這些都稱為"技擊小說"。這一風氣由廣州報紙帶到香港來，為港報開"拳腳小說"風氣之先。

為報章小說畫插畫，在六十年代來說還是好辛苦、好麻煩之事，一如當年我們這些為幾家報紙寫專欄的所謂專欄作家，其辛苦、麻煩還不在寫稿，而是"送稿"！當年還未發明傳真機，更不要說電腦傳送，稿件都是要依時依候由專人送抵報館的。"大作家"、"紅作家"當然有特殊禮遇，由報社派人上門收稿件。

董培新為我的連載小說畫插圖時，已經有傳真機了，那是八十年代初期。董兄雖忙，但還是很認真的，他認真地看完了整段小說才畫插畫。所以，每天《大公報》副刊課都會把我那段小說傳真給他，然後他再把插圖傳過來，省事多了。

其實，那長達半個世紀的"報章小說插畫期"，大多是頗為兒戲的，由小說作者寫下"畫意"，譬如說："男女主角車內談情。"這就由畫插畫的去想像了，至於談情的程度如何？是相敬如賓還是熱情如火，由插畫作者自己決定。

董培新講了一則發生在他自己身上的笑話——一九八三年，他去上海、北京參加射箭比賽，一去就是半個月的，那插圖怎麼辦？他希望各位"寫稿大佬"行行好事，把半個月裡每天連載的小說畫意告訴他，讓他一口氣畫完才安心出發。其實呀，這也難為了一眾寫稿人，大家都是吃"即食麵"的，即是"唔到交稿亦唔會想內容"，真可謂"今日不知明日事"，哪會預先構想未來半個月的情節內容？無法，既然插畫人遠行而有此要求，也只好"胡思亂想"一番，把十幾篇小說的畫意逐一說了。

董培新"開夜車"把插圖趕出來後才安心去比賽。殊不知，回來後再看看這些已見報的內容，發覺篇篇都是"文不對畫"的，"你有你畫，他有他寫"，真是風馬牛不相及。讀者看了，一定責怪插畫人"不知所謂"。

這其實也不能怪誰，"寫稿佬"向你講了十幾篇畫意後，連他自己也忘掉了。

我說："解決這樁事本來就好簡單，寫稿人把已告訴你的每天畫意寫下來，然後依畫意寫稿便行了，又或者編輯把你的插畫影印傳給寫稿人，由他按圖寫稿便是，說不定還會帶起對方的情節構思！"

今天是電腦世界，寫稿畫插畫方便到不得了，你去什麼地方旅行都沒所謂啦。

水荒的日子·新聞標題

最近翻閱一些資料，看到一九六三年實施四日供水一次，每次四小時，前塵往事，唏噓不已。今天，我們絕難想像四日才供水一次的苦況。

根據當年新聞報導顯示：

六十年代初期，香港水荒非常嚴重，一開始是每日供水四小時，繼而隔日供水四小時，到了一九六三年六月一日正式實施每四天供水一次，每次四小時。這時候，香港水塘

當年香港報章流行"圖文配"——一幅漫畫，一首打油詩。國畫家
鄭家鎮先生以"楚子"為筆名，畫了不少這類作品。

以俗語入文，或者以俗語作為新聞標題，非常生動活潑，"貼地"，
其實這也可以稱為"文字漫畫"。

的存水量僅剩下足夠供全香港市民使用一個月，其誇張之情可以想像，直到一九六五年"東江之水越山來"才徹底解決香港水荒。"捱"過這水荒歲月者，到今天，可以說是猶有餘悸，"樓下閂水喉"之聲固然此起彼落，街邊水桶陣的奇觀、人們為排隊輪水而大打出手者，更教警察為調解而疲於奔命。

從當年的一些新聞報導，也可看到另一個有趣的地方。《大公報》一向被視為最重視語言文字的報章之一，他們嚴謹地執行白話文寫作，想不到，在香港新聞報導裡，也入鄉隨俗，新聞標題上也用粵人的"本地話"來了：

"大牌檔爭水，兩人流蚊飯。"

如果是外省人看了，可能會莫名其妙：何謂"蚊飯"？其實想深一層也可以理解，蚊是吸人血的，這"血"不就是"蚊飯"了嗎？可謂生動有趣之極。

以俗語、俚語入文，其實在香港報壇早已有之，甚至可以追溯到大半個世紀前，我翻閱過"戰前"一些報章，特別是一些地方性報章，更會堂而皇之地採用俗語入文，甚至是大字標題的，報紙既是大眾傳媒，這更說明了何謂真正的接近群眾。

一九五八年《超然報》有這樣的新聞標題：

道友吊烟龜，無所不為
偷親娘壽衣

一九六六年《自然報》有如此新聞標題：

兩個老野小故搏命
觀塘鷄寮發生命案

第四章

"三及第" 文體小說

　　談香港的報業發展，不能 "孤立" 地談，必須聯繫到中國內地，因為早期大多數的港報報人都是從廣州、韶關，以及外省移徙過來的，上世紀三十年代廣州報業熱鬧，後來時勢不穩，報人、寫作人紛紛南移，香港成為聚腳地。既然是廣東報人，則口味跟地道港人接近，很快便融入香港社會，一併南移來港的內地人也有不少，這不但不會有什麼格格不入，甚至還可以說是如魚得水。當時內地局勢紛亂，各路人馬也正好在香港開闢 "宣傳戰場"。

　　二戰後不斷壯大起來的港報，大多是廣州及外省人來港之後籌辦的，例如《成報》創辦人何文法先生原是廣州報人，《晶報》總編輯陳霞子先生，原是廣州《七十二行商報》的編輯，還有很多作家都是內地人。我這樣去分說，也是有點 "多餘" 的，內地、香港都是 "大一體"，生活、文化及社會環境，沒有什麼兩樣的。從語文的運用便可以體會到這一點，我們常說："三及第文體是香港報章通俗文學的一個特色。" 確是如此，把文言、方言，語體文（白話文）匯合起來運用，遂稱為 "三及第"，可這不是香港報章才有，早在上世紀初期，廣東各地報章已流行這種文體，報人南下香港，也把這種適合大眾的文風帶過來。當然，香港在方言方面，除了廣東傳統方言之外，還融入香港地道語言，因此，慢慢地，在香港的三及第文體便不時夾雜上一些音譯過來的英語，這都是大家能接受的。

時至今日，在香港的好些粵語寫作已經到了看之"一頭霧水"的地步，不要說外地人，恐怕連本地人看到也莫名其妙，特別是一些廣告語，你在街頭看到可能會問一句："嗰行廣告字究竟講乜？"

我隨便說上一句吧——

"聽日孭你濕平！"

外地朋友，你知道我說什麼嗎？"聽日"，即是"明天"；"孭你"即是"與你"；至於"濕平"，即是英語音譯，逛街購物之謂也。

這句話如果用白話文字寫起來，大抵是這樣："明天與你一起去購物。"

寫小說而為了"傳神"，用方言的處理對白亦未嘗不可，但一般行文似乎不應該這樣"放縱"。

長期以來，香港的中文報章對於方言的運用都會有一個自然而然、約定俗成的紀律，即使在新聞寫作上，如無特殊必要，絕大多數都是以白話文出之（戰前，一些地方性"小報"則例外，是刻意地以方言行文）。這是為了方便整體讀者的閱讀。至於副刊，則看其性質而定，一般的雜文依然以白話文為主，雖然這種語體文並不"純正"，很多時是"粵式"的，但在大眾傳播裡還是可以接受的吧！

有些寫作人以廣東方言寫作，刻意地口語化，什麼"啲"呀、"嚟"呀、"嗰"呀，有理沒理的都寫上去，讀起來反而覺得"拗口"。

無論是高雄先生、陳霞子先生，還是稍晚一點的林嘉鴻先生，他們的"三及第"小說在粵語運用上是絕少用上什麼"啲"、"嘅"、"喇"這些的，但都是流利通暢而文雅的"三及第"文字。

我的三及第小說就是沿用這個路子風格，盡量避免用上這些"無謂字"。在上個世紀，《大公報》是一份在文字上十分嚴謹講究的報章，它本身是"外省文人"辦報，但為了適應香港讀者，在副刊"小說林"裡也安排上一篇"三及第"文體的小說，這便是林嘉鴻先生（筆名"夢中人"）的《憎人日記》，是當年很多讀者追看的長篇連載。

繼林先生後，我在《大公報》副刊續寫三及第文體小說，筆名莎千浪。隨著時勢環境不同，"三及第"的用詞也隨之作出調整。如果在今天，肯定會加入不少"潮語"。所以說，"三及第文體"其實也是與時並進的。

劉以鬯先生主編《快報》副刊時，曾約我寫一篇類似高雄先生的《經紀日記》，並且是以三及第文體出之。我當時"膽粗粗"地一口答允，寫了一年多，自問實在寫不出"經紀拉"的味道來，我這"經紀陳"遂自動投降，棄筆而逃了。

高雄先生的"三及第文字"，雖然有方言，也夾雜上一些古語，但基本上是白話文的，很口語化，平易近人，更重要的是生活化，這才是受歡迎的主要因素，我在這方面是怎麼也比不上的。

人要有自知之明，所以我自動"鳴金收筆"。

高雄先生的三及第小說究竟是怎樣的好？我在這裡節錄一則供大家欣賞（《經紀日記》，署名經紀拉，寫於一九四七年香港《新生晚報》副刊新趣版。七十年前的文字，今天讀起來仍然十分有現代感）。

高雄《經紀日記》 第十八日

約好翁君十時半在威士文見面，一早醒來，先到添男，希望碰碰機會。人貴立志，昨天去了，今天不去，就是一曝十寒，未必有功。果然，皇天不負苦心人，在添男坐下未幾，就碰見肥仔黃獨行而來。肥黃南北行米行經紀，生意不少。年紀雖輕，說話老到，使人佩服。接談之下，我自然請教南北行有何路數。肥仔黃指陳一番，雖無實際，已允幫忙留心。約定明早再在添男見面。我見時候已到，提議先走，肥仔黃雖叫著"後數"，結果還是我"會過"，出來撈世界，小錢決不能慳也。

到威士文見到翁君，早茶既畢（和闊少飲茶，自然是他找數）。即要到跑馬地訪張姑娘，我連說已約了她下午，我可代他收定。翁君笑說："你不要食水太深！"顯然他已看穿我二仔底，甚難為情。但翁君還算漂亮，隨手就交我二千元，說其餘的明天清找。我連說不妨事，翁君笑說："這一次信你了。" 我也實在感謝。分手之際，翁君約我到他的俱樂部玩，我馬上應承今晚去。

找著張姑娘，交她一千元，一洩昨日之氣，滿擬刻薄她幾句，不料她一見我就說："我知道你一定會來的，所以那客剛才說要給我五百元鞋金，我也把他推了！人貴口齒呀！" 我只得按下一肚氣，真怕人家好相與。

袋了一千塊，周身自在，滿眼光明，想去找周二娘，又怕惹禍上身。還是一個人到山珍吃飯，喝了兩杯，決定到翁君俱樂部一行。一來應酬應酬，二來希望別有發展，三來袋裡有的是錢，天下去得。走出山珍，即坐的士到西環。

不料翁君還未到俱樂部，有幾個人在打撲克。都不相識。看來都是年輕小伙子，衣服華麗，金錶燦然。見了我只瞧一眼，連招呼也不打。我枯坐一會，已過九時，翁君還未到，料他不來，先行告退。

一個人而又有錢，總想到什麼地方走一遍，後來一想，自己已到中年，此時如不稍事積蓄，未免失策。萬事起頭難，咬實牙根回家。今日做人，可說一切都依宗旨。

畫外音
連載小說的“最後晚餐”

香港的報章連載小說，基本上是在上世紀末“行人止步”，再無能力向前推進了，報紙副刊的形式已作了翻天覆地的改變，“雜文版”已不成版，小說更是聊備一格。過去那種百花齊放、“不拘一格降文才”的副刊版面，沒有了，真正到了“明日黃花”這地步，換之而來的副刊，是半新聞、半資訊專題性的版面，由於彩印飛躍進步，加上電腦下的版面設計，要弄什麼花樣有什麼花樣，恍如看時裝表演那樣的七彩繽紛。熱鬧是夠熱鬧了，但始終覺得還是欠缺“耐看”兩字，更不要說什麼“擔紙”之作。這也不是說什麼“今非昔比”，不是這回事，那麼我們能“歸咎”些什麼呢？許是時代使然吧！——只是覺得，即使如此，傳統副刊的一些獨特優點還是可以保留，仍有它不可抹殺的“閱讀價值”，用不著“一刀切”的。

以文字作媒介的連載小說，確是到了無立足之地，要說是“完成歷史任務”也未嘗不可。電視上的連續劇早已取代了報紙連載小說，同樣是什麼題材都可以發揮的，歷史劇、武俠劇，還有處境小品等，戲劇這東西，特別是大眾傳播的，真是影像比文字來得容易接受。武俠的、詭異奇情的、科幻的，更是如此。

真正打垮報章連載小說的，是電視連續劇。

　　八十年代，在《大公報》以三及第文體寫連載小說，是我這方面寫作的“最後晚餐”了。你看今天在電視上一周五晚，每晚播半小時的“處境喜劇”，如《真情》、《愛·回家》，完全是我們那時候在報章上寫“小品小說”的模式。既然如此，還需要看什麼連載小說嗎？——我們現在看到電視上的“處境小品”也不能說是從八十年代的報章小說“搬”過來的，早在七十年代，香港第一代資深電視人周梁淑怡主持無線戲劇創作時，便有處境喜劇《七十三》。所謂“七十三”，是指一九七三年吧！當然，這也不是電視“首創”，電台廣播劇早已有之，商業電台的長壽節目“十八樓C座”就是典型的小品“處境劇”，像報紙連載的同型作品。倘若我們要探本尋源地追溯下去，你可以說這種報章連載小說模式其實是早已有之；不，應該說是“古已有之”——“章回小說”便是這回事。當我們翻閱一下“戰前”報紙，在副刊方面可以看到早已承接著這種模式，因此，也不妨說自有報紙以來，這種寫作模式便已出現，說得上是“百年滄桑”。

　　我是很怕寫報章連載小說的，就是害怕要經常記著寫過的人物與情節，連金庸先生也鬧過笑話——已經死了的人物，忽然又出現。怎麼回事？死過翻生耶？是他一時忘記了這人物早已被他“賜死”。心水清的讀者提醒他。如何是好？自圓其說就是了，待結集成書時再改正過來。

我就是怕這樣，但卻喜歡寫那類"處境小品"式的連載，幾個固定的人物，記著他們的性格便行，至於故事內容、情節發展，可以非常的天馬行空，甚至在平日生活裡遇上一些趣事、不平事也可放進去，只要緊扣角色性格便行。

鬆散的情節結構，可以長寫長有，讀者每天看一則就好像看他自己身邊人與事，頗有生活感。

這方面令我留下最深刻印象的，是我主持《田豐日報》副刊時，邀請林嘉鴻先生"無論如何幫幫手"，誘之以"情"曰："噂，師傅，我知你很忙，不過寫《大公報》、寫《晶報》，限於每份報紙的風格，多多少少都會有點拘謹，你同我寫《田豐日報》就大大不同，你可以放開手腳，天馬行空，愛怎樣寫就怎樣寫，算是一點寫作情結的彌補！"

"寫作情結"這四字，其實我自己也深有體會的，寫作人如果能夠寫上令自己可以充分發揮的作品，是十分開心滿足，並且很珍惜的。林嘉鴻先生終於答應了，他為《田豐日報》以三及第文體寫了一個十分通俗的長篇連載，主角是專門"收狗、馬纜"的"狗王炳"。當年，香港非法外圍賭博盛行，不但香港賽馬，連澳門逸園賽狗也大行其道，"狗王炳"便是俗稱"艇仔"（本地中介人）的那類人物。哈，這小說連載不久，居然有一位真是做艇仔的傢伙，每天下午四時許便來到《田豐日報》報社，要求排字部領班打印份"狗王炳"小說稿給他看，報紙明天才出版，他則急不及待，要先睹為快。說也奇怪，林先生筆下這位"狗王炳"，吊兒郎當，十分市井，十分**"躝癱"**，居然與這位真正的"狗王炳"有七、八分相似，大抵這就是源於生活的創作精神吧。

寫這類小說必須緊貼生活，沒有生活氣息是難以吸引讀者天天追看的，就算是"武俠小說"，在人物性格、精神領域上同樣要融入生活，這才能在讀者心頭上"活"起來。

我姑且把我在《大公報》連載的一個三及第文體小說，抽選若干則作為本文的說明。特別指出一點：節錄這若干篇，開始的第一、二篇就是這小說的開篇內容，我是緊記師傅林嘉鴻先生說的："寫報章連載小說，開首幾篇很重要，要有動感，要吸引讀者，你必須好好經營……"

（這輯節錄，就當是對香港三及第連載小說的一次"最後晚餐"的致意吧！我特邀董培新兄重繪當年的插圖，他欣然答允，畫得出色，真是寶刀未老！）

阿蓮妹

中午，同個客灣仔吃飯，然後坐地鐵折返中環。未出環球商場，好似聽到一個女子聲："喂，阿浪！"

既然好似，也就不必理會；聲音更近更大聲："阿浪，小男人！"

真的叫我矣！

一回頭，那副嬌鼕俏臉即迎上來，我亦大大聲回敬曰："係你呀？姣妹！"

"你作死？你叫我什麼？"阿蓮雙手叉腰："大庭廣眾之下，你叫我姣——"

我曰："呢呢，所以話耳，阿蓮妹，有時講話真係要三思，勿講得出就講，你叫我小男人，全世界的人望住我，瘀到痹！"

"哦，所以你報仇矣！"阿蓮曰："想不到男人都幾毒，無毒不丈夫，果然沒錯！"

"亦有一句說話，叫做最毒婦人心！"

彼此、彼此，半斤八兩，我唔嫌你姣，你唔嫌我小就算矣！

阿蓮曰："阿浪，有單生意介紹你，俾番幾多個佣我？"

"生意尚未講已經問佣？你估真係有得湧耶？"

"勿咁衰啦！不過，我亦知浪哥你不會待薄小妹，好啦，俾幾多佣你問心啦！我呢單生意，係有個客想買一個旺中帶靜單位，一千尺左右，八百尺亦唔拘，最好在中環半山腰，步行落市區不用十分鐘個種！我知你手頭上有中區，點呀？"

我曰："係有幾個單位，但屬於商業樓，除非──"

阿蓮曰："除非什麼？小男人即是小男人，說話吞吞吐吐！"

我曰："你隻衰妹，用句粗俗話講，真係頂你唔順！我話除非，係話除非我住開個層啦，如果我讓了出來，我住邊？除非──"

"又除非？"

"係，除非我搬去同你住，你話好唔好？"

"哈，估唔到你這小男人膽子倒不小，你不怕我男朋友呷醋？你以為真係潮流興三人世界耶？"

"唔好玩我"

返到公司，成班友仔望住我陰陰嘴笑！

"笑什麼？樓價起飛，日進萬金耶？"

域陀行過來，拍我膊頭曰："樓價就有起飛，不過有人副身家可能快起飛到同淺水灣樓價看齊！"

我曰："你講乜？乜我今日 IQ 咁低，好多嘢唔明！"

"你唔明？"域陀曰："唔該你問莎莉，莎莉就真係可以點到你明也！"

我睇吓莎莉，見她啜起個嘴，玄壇面口，她聽到域陀如是講，拿起個快勞走開。此情此景，真要查個水落石出，看究竟發生什麼事！

"大佬呀！"我曰："我出去食晏耳，乜變得咁快，快到好似入錯公司，成班友仔古靈精怪，究竟所為何事？"

阿南叔曰：“阿浪，好心你生性啦，做人最緊要對得住自己、對得住人，唔好腳踏兩頭船，如果兩條船同時開走你唔跌落海就奇！”

正想問個究竟，電話響矣！

“嚟啦，嚟啦，你女朋友真準時，我地話你兩時半回來，佢果然準時打來！”

“什麼女朋友？”

拿起話筒，“喂”咗一聲，對方曰：“阿浪呀，我係艾黛！”

“艾黛？——”我頓然驚呼，暈得一陣：“剛才你打電話來？話係我女朋友？”我最後呢句，其實係想講給莎莉聽，可惜她不在。

“艾黛小姐，”我曰：“唔該你唔好整蠱我，我有老婆仔女，要返屋企食飯個種，你唔好整蠱我！”

直情出到哀求矣！你估我這小男人真係咁巴閉，有女人送上門亦請佢食閉門羹耶？只不過，呢個世界一樣米養百樣人，百樣人包括女人！艾黛是我客戶。開始時大家幾好。既然有生意來往，親密一的又有乜所謂，但佢無意中透露，話自己係某夜總會老闆既“黑市”，大佬呀，呢樣野分分鐘斷手斷腳，分分鐘浮屍碧海者，唔好搵的咁野玩。我小男人自認膽小如鼠，自認窩囊，自認有男子氣，但求艾黛唔好黐我。

智囊團

　　"波士周"急電："阿浪，午飯時間留番俾我，有事商量！"

　　我真是天生小男人性格？波士周講完呢句，我居然沒有反對，其實我應該反對者，就因為午膳時間約了一個客！但不知怎地，總是無法拒絕佢，同個客改時間算了。

　　唔通做波士真係有波士的威嚴？

　　午膳時，波士周一邊大快朵頤，血盆大口大嚼牛扒，一邊曰："阿浪呀，我想成立一個智囊團，想請你同我組班！"

　　嘩，有死矣！波士周本來出了名有本事，有大智慧，有 IQ 者，何以還要組智囊團？並且將這重任交給我阿浪去

策劃，即係睇得起我嘅智慧才情！飄飄然之下，擦下波士周對皮鞋！——先來望清楚佢對鞋是什麼顏色的，是黑色還是黃色？千祈唔好搞錯。我曰："波士，你唔係開玩笑吧？以你咁多橋，咁醒目之人，還去組智囊團？"

"一人計短，二人計長嘛！"

"咁就係，有時候，如果一般事情由智囊團去處理，自己可以騰出多些時間去做更重要之事！對，真是要成立一個智囊團才好！"

波士周曰："唉，人，不是什麼都懂者，你以為真是通天曉乎？何況一個人亦要明白自己的價值，要我將時間花費在那些事情上，真是大材小用啦！"

"對，對，大材小用！"我曰："波士，你需要的智囊團究竟是睇邊辦生意的？地產還是酒店？"

"生意？"波士周曰："我係想你同我個寶貝仔找一班補習先生也，佢今年入咗一家名校，我唔想佢衰，所以，希望你找中、英、數，甚至社會、音樂、美術，所有科目都請一個補習先生，成立周氏後代教育智囊團！"

我阿浪聽到這裡，個心已經媽媽聲！

第五章

六七年這場"五月風暴"

在《晶報》十年（一九六二年至一九七一年），編輯部的所有部門我差不多都做過了，唯最"短癮"者，是做港聞記者。當年做港聞有所謂"坐堂幫"（"坐堂幫"者，原指在警署內專責"報案"），即是同事前往採訪，就地撥電話回來報告，你做寫手便是。這是爭取"埋版"時間。我在被派出外採訪前是先做"坐堂幫"，熟習了新聞寫作後才正式出外採訪。

不知是"幸"還是"不幸"，我一開始出外採訪便遇上裝修中的香港仔海上酒家"珍寶舫"大火。記得那是下午，在現場，看到一個個"火人"從船上飛撲下海，又看到消防員把一具具燒焦成炭的屍體搬上岸。看得心酸，看得心驚膽跳，也記不起當年拿相機拍照時有沒有手震。此場景，四、五十年後的今天，想起來還恍如昨日。

那天傍晚，我被派往採訪一宗軟性新聞，是到銅鑼灣保良局採訪一些孤兒生活。與局內人員交談時，看到身旁小孩天真無邪地追逐玩耍，一想到他們是孤兒，眼睛不由得又紅起來了。

同一天見"火人"，又接觸到孤兒，像我這類感性的人，怎樣做港聞記者啊？大抵"上頭"也見我這小子"可憐兮兮"的，沒幾個月便把我"升"做編輯

——編港聞。

既然從六二年到七一年都在《晶報》，則必然地，"六七"的日子在《晶報》度過。

"六七"，我做過什麼呢？本身是文化人，所做的也都是一些文化事。

一九六四年，加入文社；一九六七年五月這場"風暴"一來，我與文社社友自然地斷絕了來往。那時候，哪有閑情去風花雪月？哪有閑情去談文說藝？不過，本身既是"文藝青年"，所做的也無非是文字之事，這期間我寫了不少"地下文藝"。

為何說是"地下"？當年寫那些宣傳，多是油印本，又或者索性寄到《文匯報》、《新晚報》，"六七"期間，好幾家報紙都闢有這些版面，是比較軟性的，副刊性的，特別是《新晚報》，這些版面更可以稱之為"地下文藝"。當年寫的好幾首新詩及一些散文，都刊登在《新晚報》上，有些是他們從油印本裡選下來轉載的。當年流行一種可以在舞台演出的"三句半"（每節內容由三長句兩短句組成，一般由四人演出，三人說三句長句，最後一人只說簡短兩個字的半句），我也寫過不少這類"作品"；《文匯報》也曾以一整個版面刊登我一個短劇（如果今天有人輯錄當年的"地下文藝"，相信也頗有意思）。

憶述這些內容，只是想說明一個問題：我的文藝寫作，也曾經是從這些"地下文藝"磨練而來的，特別是在"文社潮"結束後，這些"地下文藝"的寫作正好補上。同時亦想說明一點：這一兩年的"地下文藝"，也可以說是左派報章副刊一個"剎那光輝"的特色。

我與《新晚報》結緣特別深厚，"六七"之後，平靜下來，我還經常投稿到《新晚報》的"每日完小小說"欄目，當年《新晚報》副刊主任是高朗先生（即寫影評的"藍湖"），他特地約我喝茶，鼓勵我這後生小子多寫。從此，我與《新晚報》結下了超過三十年的"工作緣"（這方面內容，留待第七章交代）。

一九六七年這場"風暴"，如果你當年已是青少年，必然會留下深刻印象，無論是身在其中，還是旁觀者。

在這場運動裡，我由始至終都是一個"文化參與者"，並沒有走上街頭，更沒有放"菠蘿"（土製炸彈）。"六七年"，我該是二十一歲，當年陳霞子先生已從總編輯位置上退下來，只擔任社長，但每天的社論依然由他執筆。那時候的總編是周南璈先生（從《文匯報》調派過來），編輯主任是高學逵先生（從《新晚報》調派過來），《新晚報》另一位編輯主任李其燊先生隨後也調派到《晶報》來。上述三位，在往後我的報業生涯裡也成為我的"前輩拍檔"。

五月份"風暴"來臨，緊張的日子也隨之來臨，我們這些"熱血青年"都自發地行動起來。如果警察真的來報社"拉人封舖",我們這些年輕人會留守到最後,讓其他年紀大的同事先行撤走;如果警察硬攻進來,我們便會拿起"水喉通"抵抗。當年在露台也準備了水桶、毛巾,這是用來預防警方施放催淚彈。

那段日子的生活是緊張的。下班後,好些年輕同事都主動留守在報社,特別是在晚上,一邊發稿,一邊關注著事態發展,有傳聞說,警方來"拉人封舖"都是在深夜進行。

有一天晚上,來了!(果然來了!)不知是哪位同事從編輯部(三樓)望下去,見到有一隊拿著盾的警方"防暴隊"朝我們的方向走來。

總編周南璈走出露台察看,並且移放好擺放在露台的廣播器,"來了嗎?大家做好準備"!我當時也在露台,聽到周先生這樣說。

擾攘了一陣子才發覺,這隊"防暴隊"只不過是路過這裡,"目的地"並非是我們的報社。

解除"警報"後,我們又如常地寫稿、編稿、排版,大家都不當一回事。大抵都在心理上已有所準備。

不怕大家見笑,我第一次接觸到催淚彈,還是挺"浪漫"的。

"五月風暴"火頭剛起,仍未到緊張階段,而我剛好在這一年的三、四月間結識了女朋友,五月後剛好進入"拍拖期"。有天晚上,在灣仔軒尼詩道行著行著,怎麼會流眼淚的?這時又不是颳風沙,繼續行了一小段路才知道：前邊有事，警方正在施放催淚彈，只好繞道而行了。在催淚彈下拍拖，夠浪漫了吧，我們這些"留鬚文藝青年"還拍拍胸膛說："這就是革命浪漫主義！"——當然不是這回事，有時想起一些"六七往事"，總是心生慚愧！

新聞界陸續有報社負責人、編輯、記者被拘控，我們這些年輕同事便到法庭旁聽聲援。大家約定，一旦判刑，立即高呼抗議。

記得那天是在南九龍裁判署開審，多家報社負責人都在其中，包括《香港商報》創辦人李少雄先生、南昌印務公司經理翟暖暉先生（記不起那天有沒有《田豐日報》社長潘懷偉先生與《香港夜報》社長胡棣周先生）；記者方面則有《大公報》的王寧女士、《香港商報》的沈啟林先生，以及我們《晶報》的記者吳在城兄。在旁聽席上聽了一個上午，未完結，留待下午兩時許繼續開庭。

我們幾個後生小子都覺得有差不多兩小時的午膳時間，用來做什麼好？有人提議："不如匆匆吃點東西後，到快樂戲院看早場，散場後趕回法庭也可以！"

我們這幾個戲癮甚大的小子當然附和了，快樂戲院就在佐敦道，離法庭不遠。當年西片院線是設有早場與公餘場的。早場是中午十二時三十分；公餘場則是下午五時三十分，方便一些"上班族"在下班後趕入電影院看戲。放映的都是二輪或陳年舊片，票價廉宜。

　　記不起那天快樂戲院放映什麼片子。當我們離開影院匆匆趕回法庭時，"弊、弊、弊，弊傢伙"！未到法庭已在長廊聽到一陣陣抗議聲，當然還包括那一句："打倒港英！"在聲浪中見到好幾個警員揮舞警棍在拘捕抗議人士，我們這幾個趁空檔去看電影的"報小子"，呆站在那裡，眼看著同業行家被打、被拉，而自己卻被阻隔在那裡，那份又激動又慚愧之情，在內心交煎。

　　當時真是想不到法庭會"快刀斬亂麻"，下午一開庭便立即宣判。未能及時趕回來聲援這樁事，我在心裡自責了好幾十年啊！

當時大批民眾在南九龍裁判署外聲援被捕人士。

畫外音一
我向您們致敬

一九六七年這場"五月風暴"過去了，每次聽到人家說什麼"左派暴動"，不但心裡不舒服，還會怒形於色地回說一句："暴什麼動？我們是反英抗暴！……"

日子一天一天過去，五十年後的今天，不再那麼氣憤，但依然不想說"暴動"兩字，我倒喜歡用那個較中性而客觀的詞語："動亂"。從本質上言，這一場"動亂"其實是"反殖運動"，長期以來香港華人受欺壓，不僅是一般的民生，還包括文化上的"奴化教育"，那不平等的"民怨"一下子爆發起來。

說"反殖運動"也好，說"六七動亂"也好，有兩位人物的形象是常在我心間，那是吾父及吾之外父。

這兩位老人家都是一般的"工人階級"，父親當年是煤氣工會副主席（主席是伍宜先生），煤氣工人大罷工那一役，港英政府派出大批防暴隊前往鎮壓，當年的煤氣公司是外資，港府當然緊張。面對這突如而來的鎮壓，在總部空地上罷工抗議的工人可謂措手不及，工會主席伍宜眼見無路可退，惟有與一群工友拿起"喉管鐵通"打出去。打是打出去了，卻換來遍體鱗傷（好幾位受傷的工友雖然痊癒，卻"元氣"大傷，沒幾年也"走"了！他們都曾來我家看望我父親，所以我認識他們）。

煤氣大罷工遭鎮壓那天，我父與另一批工友在另一個位置，他們及時走進地下水道，就這樣避過一劫！但港英政府不會就此罷手，我父被通緝，他的照片被張貼在各警署門外的"報告板"上。

吾父在工會安排下，避往新界，那一段日子我亦不便多問，只知道他們在"洪水橋"或者是"虹橋"吧！那時候，正好是長城電影公司演員傅奇、石慧夫婦倆被遞解出境，他們在深圳橋頭上抗議，成為當時的大新聞。

像吾父這些"通緝犯"慢慢地也不了了之。

吾父回到家後，也被安排"復轉改"（即復工、轉工，或者改行），在糧油公司幹了幾個月"入油"，畢竟年紀大了，幹得吃力，我們一家人便叫他索性退休吧！

從此，吾父在家裡做起"自閉老人"，每天只看報紙，或者在電視上看他喜歡的足球賽事，後來雙腿不大好，真是"足不出戶"，幾年後就這樣"走"了。

我的外父呢？——當年還不是外父，我只是他女兒的男朋友，而且是剛認識的，他當然喜歡我這個"女兒的男朋友"。為什麼？就因為他是看《晶報》的！

"嘩，我個女嘅男朋友在《晶報》工作㗎"！

他的"我個女"，也是《晶報》讀者，所以我們認識的那一年（我，二十一歲；她，十八歲），她便對我說："哦，你就是寫'是期環太線上映 XXX 影片'的那個青楓呀？"

我搔搔頭，很不好意思！當年我在《晶報》寫影評，每篇開場白總是那一句"是期什麼什麼院線上映的片子……"

我這位女朋友的父親，是一位很值得我敬重的"平凡人"。他是一般的工人，勤勤懇懇地工作，很多時候，放工了，先回家做好晚餐便到"政軍醫"工會為其他工友做飯。往後的日子，我當然對他有更深入的認識，他從不談政治的，連時勢、局勢這些也不說，只是靜靜地聽你講。

這樣一位"平凡人"，在六七年那"五月風暴"的日子裡也參加了大罷工。他也像吾父一樣，在一個機構裡幹了幾十年，退休前罷工了，那份所謂"食長糧"的退休金當然化為烏有，但他們都是默默地承受，從沒有聽過他們有半句怨言。

我也從來不在他們面前談論"六七事件"的對與錯，特別是在所謂"方針路線"上的對錯問題。我只是覺得，像他們這些"普通平凡人"，能夠在民族大義上做了一樁自己一生中的大事——參與罷工，這是何等的自豪，何等的光榮啊！那又何須去談什麼方針路線的對與錯呢？那是"上頭一些人"之事，與他們心中的"大義"無關。

我藉本文，向當年所有參加罷工的"平凡人"致敬！無論你們往後遇上什麼不愉快、不平事，都不要放在心上，都不要去計較，我們只要做我們自己認為應該做的事便夠了！

畫外音二
狂熱的年代

　　一九六七年這場 "風暴"，是香港一個重要的轉捩點。"風暴" 過後，無論是政府還是民間，在人們心之深處，都作了深刻反思。

　　反思什麼呢？港英政府要思考的是那一套殖民地政策是否過時？官逼民反的態勢已成，雖然一時之間把火頭壓下去，但也不曉得什麼時候會 "死灰復燃"。

　　民間方面呢？是真的教市民大眾醒來了！也不僅僅是所謂 "左派人士"，而是整個社會、整個民眾都能夠真真正正的看清自己。

　　你即使如何頑固地，甚至 "咬牙切齒" 地 "恨" 某些 "左仔" 破壞社會安寧，但靈魂深處仍會不無觸動，你會對著鏡子茫然而帶惆悵地問一句："我是誰？"

　　從此，你對某些不公平、不公義之事，再也不會低頭說一句："係咁嘅啦，我地呢啲小市民，搵到兩餐就算啦！"

　　不再這樣，而且影響深遠，直到今天！當年在 "風暴" 之後，港英政府痛定思痛，擺出一副 "柔情萬種" 之態，這當然會令一些習慣下氣低聲的市民受寵若驚，也就欣然受落。

雙方面都在沉默地"撫傷口"，於是七十年代開始，香港經濟慢慢地好起來，就像機場跑道上的飛機徐徐升起。

溫故知新，且沒有過去的因，便沒有後來的果。沒有過去的長期受壓，便沒有一九六七年這場影響深遠的"風暴"（受"文化大革命"影響之類的因素，也不過是導引而已）。沒有這場"風暴"，香港社會也不可能加快改革步伐。

今天——二〇一八年一月中旬，我習慣地又往中環摩羅街行走。在一個舊攤檔花了一百五十元買了一張舊報紙——一九六八年五月十七日的《晶報》，屈指算算，整整五十年了。

五十年前這天，那場"風暴"餘情未了，鬥爭仍在繼續，報章版面上，"港英"兩字仍是"大行其道"。"港英"，即是指香港英國殖民政府，幾乎每條有關政府行動的新聞標題，都會加上"港英"兩字，可見在文字的鬥爭意識仍然高漲。

在這狂熱的年代，左派陣營的報章在見諸版面的文字上已無所謂"分工"，連一向自成一格的《晶報》社論，也"江山一片紅"地紅起來，這天這篇題為"罷工復工有理有權"的社論，寫到最後也來一句：

我們必勝，港英必敗！戰無不勝的毛澤東思想萬歲！

今天回望，也許有些人會說"不可理喻"，但當在其時，當在其勢的我們，都會知道——狂熱是怎麼煉成的！

一九六七年"五月風暴"後的一年，鬥爭持續，在一九六八年五月十七日的報章上仍見"港英"兩字"大行其道"。

第六章

小報的生存空間

我於一九六二年加入《晶報》，一九七二年跳槽《田豐日報》。那時二十六歲，我想：再過三兩年便會結婚了，今天不出外闖，恐怕婚後外闖便要考慮再三。

從一份中型報跳入小報，是需要一點勇氣的，何況當年的《田豐日報》還是一份以馬經作號召的報紙，我首次接觸到《田豐日報》社長潘懷偉先生的名字，是一九六七年從收音機聽到的，那時三家報紙被查封（《香港夜報》、《田豐日報》及《新午報》），是當年香港社會的大新聞，頓時對潘懷偉這個名字肅然起敬。既然有舊同事扯線跳槽，也就不多想，答允過檔。

入職《田豐》這份左派外圍報紙之後，發覺該報經營實在很艱辛，幸好人員不多，且辦報方針基本自主，只要不違背大方向大原則便行，這反而令我有發揮空間。我由編輯做起，到後來潘懷偉先生甚至想把整份報紙無條件地送予我，由我獨自經營，而他則只做那份《田豐先生馬經》，我當然不會答允，只能答應儘力協助他辦下去就是了。

在《田豐日報》的日子，我真正體會到了什麼叫做"得朝唔得晚"。幸好，我這新聞從業員一開始便是兩條腿走路，兼在其他報紙寫小說、專欄，這樣的兼職，有時反而比正職收入還多，也就可以捱下去了。

上世紀六、七十年代辦報，仍然流行一句話，叫做"鉸剪漿糊辦報"。此話何解？是指剪剪貼貼，抄抄炒炒，特別是一些小型報紙更是非用到剪刀漿糊不可。《田豐日報》一大版副刊，佔了三分之二的篇幅是"偷"回來的，特別是小說部分，當時是由同事霍老先生剪下某些舊報紙上的連載，然後排日刊登，新寫的是三兩個專欄，包括我自己的第一個雜文專欄《阿傻雜記》，由潘懷偉、羅秀（秀官）和在下輪流執筆的《三人集》，還有霍先生自己親自寫的新聞打油詩；最"架勢堂"者，是邀請到著名方言小說家林嘉鴻先生撰寫小說《狗王炳》。就這樣新新舊舊的專欄小說共冶一爐。

這是當年小報的經營之道，讀者是不會理會你什麼新的舊的，他自己看得過癮便是。那年代，對於版權兩字，還是"隻眼開隻眼閉"。俗語有句"山高皇帝遠"，過去大半個世紀以來，香港報紙副刊被南洋等地華文報紙可不知轉載了多少副刊文章。如果是轉載，還會註明出處，可這些剪剪貼貼的，都是大模斯樣地、堂而皇之地幹起來的，連筆名也不刪改。我有時被行家問起："你有跟外地某報寫稿嗎？怎麼可以一稿兩投的……"我當然知道是怎麼一回事，外地的華文報紙慘淡經營，也就算了吧！不過，還是有幾份大報是公平公正的，他們有駐港辦事處，專誠邀請特約供稿，我亦有所受惠。有一個時期，每月也有一千幾百元的額外收入，山大斬埋有柴，三十多年前，特別是在《田豐日報》工作的艱苦歲月，這些額外收入也真是值得感恩。

潘懷偉先生是以評馬起家的，能夠以自己的筆名作為報紙名稱的馬評人並不多，"田豐先生"之外，還有一位"勞楚令"，"老五馬經"亦是。不過，以馬評人筆名開辦馬經（主要是排位版）並不難，有一定的讀者擁戴便可以，但同時還創辦新聞報，則似乎只有潘懷偉（田豐先生）的《田豐日報》了。雖然這是小報，也學人家五臟俱全——既有副刊，也有新聞版。當年我們的所謂採訪新聞，其實就是靠"黐"，我派了一位記者同事日間長駐《香港商報》，跟人家一起跑新聞，然後晚上回來寫稿；另一方面，又有人專門收聽電台，以及看電視的新聞報告。

做人做事，最重要的是什麼呢？是所謂自知之明吧？《田豐日報》既然是小報，而且又是以準確的賽馬貼士作標榜的，顧客肯定就是這類讀者群，那麼，其他內容都只是配菜，甚至是豉油醬醋而已，所謂本地新聞、國際新聞，就好像今天網上短訊一樣，簡單報導便是。

要在馬經以外爭取讀者，則可從副刊入手（當年的經濟財經版還只是聊備一格），你喜歡看三幾個專欄或追看連載小說的話，花三幾毫子購買多一份報紙便是，何況當年還有"拍拖報紙"（當時報販是看自己的銷售能力而訂報紙的，沒有"回尾"，於是到黃昏時分便將兩份報紙合起來，以一份價錢發售，故名之為拍拖報紙）。

即使到了七十年代初期，報章的娛樂八卦新聞仍未大行其道，故香港一般報紙不設娛樂版，要看明星新聞嗎？有八開度形式的《銀燈日報》、《明燈日報》，每天還附送一張彩色明星照片，蕭芳芳和陳寶珠是打崩頭的競爭對手（我指的是影迷，她倆私底下還是有很好的交情的）。

到七十年代中期，報紙開始重視娛樂新聞了，於是幾乎每份報紙都開設娛樂版，主要是電視抬頭，發展下去，連專門報導藝員生活的《電視日報》也出現了，那時候也多了好幾份娛樂報紙。至此，《銀燈》、《明燈》的"歷史任務"也接近完成，慢慢地走上不如歸去的黯然歸途。

無線電視（香港電視廣播有限公司）是一九六七年十一月十九日開台的，那是當年"五月風暴"後收拾心情的日子，電視崛起後，還得經過三幾年的打磨才能深入民心。當年左派報紙十分抗拒電視，都認為這是港英政府刻意製造和灌輸殖民地文化與不良意識的平台。由於電視要有天線，樓房天台上佈滿的"魚骨"，被視為一支支毒針，把毒液透過電視機而注入人們的腦袋，這是所謂意識形態問題了（我的一位詩人朋友還以此作詩材，寫了一首文字頗見功力的小詩）。

請恕我反叛，我的看法可不是這樣。

電視是免費的，它肯定會愈來愈受歡迎，你不去理會它，它難道就會自動消失嗎？何不好好地面對？於是，取得潘懷偉先生的同意之後，我便在《田豐日報》開闢電視版。《田豐》既然是左派外圍報紙，則可以說，左派報紙開闢電視版是由《田豐日報》開始的。我還是既編且採訪，親上五台山（當年的廣播道稱為五台山，是因為有五家傳播機構：無線、麗的、佳視、商業電台、香港電台，其中佳視是屬於商台的，在同一地方辦公）。

早期在五台山行走的所謂駐台記者，只有四名，他們是關輝、符海、伊柏堯，以及徐佩蒂。他們是寫電視專欄的，各自採訪，我則稍後才出現，且因為是左派報紙，人家好奇地“另眼相看”。再過兩三年，電視已勢如破竹，無可避免地走入民間，各報紛紛開設娛樂版，電影方面的娛樂新聞已被取代。此時，左派報紙亦接到通知，要正視電視深入民間這一問題，《新晚報》娛樂版編輯楊範如女士立即找我，為《新晚報》兼寫電視稿。再過一些日子，我還做上了“盲公竹”，為其他左派報紙的娛記採訪電視新聞作帶路人，包括那位曾經稱電視為毒素的詩人朋友，他剛巧被任職的報社派往電視台採訪，做了一個短時期的“娛記”。

往後各大小報章派出專門採訪電視新聞的記者，高峰期最少也有二、三十位，真是一支龐大的隊伍；此際，我已退居幕後，只以專欄形式寫幕後工作及參與高層的策略方針（這是後話，是跳槽《新晚報》出任副刊編輯主任後的寫作策略）。

第六章

畫外音
特刊的年代

　　我想告訴大家：七十年代在報攤上曾經出現過特刊潮，一、兩元一本，薄薄的，它就好像周刊或雙周刊那樣，擺放一兩個星期便告一段落。這特刊潮前後長達十年之久。

　　如果你當年有留意報攤上售賣的特刊，當我說出出版者是誰時，你可能會"啊呀"一聲說：原來這些都是你出版的，你哪來這麼多時間精力？

　　七十年代，我廿來三十歲，真是精力旺盛，倒是時間不敷應用。

　　搞特刊，也有點"馬死落地行"，在《田豐日報》任職時，連幾時出糧都不知道，但一九七三年我已經結婚，還要供樓，總得設法開源呀！我就這樣走上了特刊之途。

　　我的第一桶金——不，說第一桶金便是自吹自擂，說初嚐甜頭吧！

　　這第一次甜頭，便是搞《劉三姐》特刊。"文革"結束，只看八個樣板戲的日子也結束了，代理中國電影的南方影業公司擬重新發行歌唱片《劉三姐》。我認為機會來了，南方公司的宣傳經理金芝大姐是我的朋友，她是一位大好人，做事實事求是，我對她說："我想出版一本《劉三姐》特刊，除了簡介影片故事內容外，主要是刊印歌譜和歌詞。"

"你有把握嗎？小心蝕本呀！"她說。

"你只要允許我擺放在戲院售票處售賣便行！我會同時在報攤發行，配合影片宣傳。"

"好，我跟戲院那邊說說，應該沒問題。"

《劉三姐》的重映，我有預感：肯定賣座。於是花了一個多星期把特刊編印出來，還向百利唱片公司經理陳敏大姐要了《劉三姐》唱片廣告，放在封底。

這部電影的重映，惹人注目，它其實也是"文化大革命"後內地電影開放的先聲，而此片一而再地延長放映期，我這本特刊，先印了一萬冊，見勢頭好，再趕印一萬冊，連同報攤的銷售，差不多可售出兩萬冊了。

特刊售價一元五毫一本，與發行四六分賬，每本收一元，實際的直接成本大概是五毫吧，每本便可以賺五毫。換句話說，這本《劉三姐》特刊令我進賬差不多一萬元（當年樓價，以港島灣仔區來說，一個三百來呎單位約十二萬元）。

後來，真的向特刊進發了。可能因為我是幹新聞出身的，對時間、時勢比較敏感，也同時採取新聞組織法去編印特刊，譬如中國、越南交惡，打起來了，我們做新聞的當然不斷注視局勢發展，與此同時，也在搜集材料，發現決勝負一役就在越南北部的諒山，我於是編印了一本《決戰諒山》。因為人們關心戰情發展，這本特刊在報攤推出發行時，便賣了一萬冊，售賣期間正好是中國軍隊打了勝仗，浹浹大度地班師回朝的時候。

審時度勢地搞特刊是重要的，例如有段時間腳板按摩在香港落戶，周潤發一說，便熱起來了。我邀請了一位具醫學常識的朋友，閉門一星期趕寫一本《腳板按摩》，同一時間，我在設計封面，安排植字，向印刷廠落柯打訂紙、訂印期，也與利源書報發行公司約好，一俟印刷廠起貨，立即推向報攤發售（我幾乎每本特刊的出版，都採取類似的作戰方式，能夠在最短時間內完成，讓我心裡有說不出的興奮）。

可能又是因為打鐵趁熱吧？這份十元一本的《腳板按摩》特刊（到八十年代，特刊的售價慢慢提升到十元一本），賣了一萬冊，在加印五千本的同時，我邀請這位朋友趕寫一本《手掌按摩》，印了八千本。

如果你同時期有留意報攤上其他特刊，會看到龍劍笙、梅雪詩的特刊《紫釵記》，她倆有不少年輕戲迷，李鐵導演的《紫釵記》粵劇片正同時上映，我們是互相配合；大老倌梁醒波先生逝世，我出版了一本《梁醒波奮鬥史》。

以上兩本特刊，都是與朋友薛后合作的，他是新聯影業公司的宣傳人員，也是《少林寺》一片的編劇。薛后手頭上有好些珍貴的任劍輝、白雪仙及龍劍笙、梅雪詩的劇照，也有不少梁醒波先生的照片，於是編寫起來可謂得心應手。此外，《任劍輝一生》這本特刊，則是與電台節目主持朱侶女士合作的。

梁醒波奮鬥史

十九歲稱王・紥起有段古

演戲半世紀・一生多妙趣

港幣二元五角

任劍輝一生

珍藏本

定價港幣十元

我這樣不厭其煩地述說起來，不是去"曬"什麼威水史，只是想說明一個重點：做任何事情，無論大與小，與朋友的合作是最為重要的；還有一點同樣重要的，是在過程中汲取教訓，這是很好的學習。譬如我一出版《紅線女特刊》便大跌眼鏡，以為"女姐"東山復出，肯定會大受歡迎，卻想不到，女姐的戲迷是看戲、聽戲而不怎樣看書的，也許是年紀較大吧！這本特刊雖然只印了五千冊，但售出的卻不足一千本。

二十年後，紅線女以高齡辭世，有位報界朋友想出版紅線女紀念畫冊，他說他收藏有不少紅線女的珍貴照片。他問我意見，我大潑冷水："不要出版呀！寫紅線女的書，今時今日只有一本兩本有直接關係的還可以出版。"

噯，那是怎樣的書？

只有馬鼎盛先生寫的《我與母親紅線女》還可以，其他的，不必考慮了！果然，三個月後市面上便只有天地圖書有限公司出版馬鼎盛寫的《我與母親紅線女》（隨後，紅線女的長子馬鼎昌也出版了一本《馬師曾與紅線女》）。

一九九五年《蘋果日報》創刊，為打開銷路，不惜重本，隨報附送世界盃足球特刊，印刷精美，資料詳盡，最少售價五十元！——從此休矣！我認定了從今以後報攤上再沒有十元一本這類特刊的市場，今後的特刊，都將是隨報附送的（藉此落廣告）。

眼見風光不再，要懂得及時抽身才好，大抵這是我等從事新聞工作得來的經驗吧！鳴金收兵，一個特刊年代就此結束。

世事玄妙

世事是玄妙的！二〇一八年四月，正當我看本書的最後文稿時，接到朋友黃志華傳來短訊："《劉三姐》這本特刊是你出版的嗎？"同時傳來封面圖。

一看封面，啊呀，真是踏破鐵蹄！自己在上世紀七十年代後期至整個八十年代，出版了不少特刊，少說也有二、三十本的，卻沒有好好地保存下來。寫《劉三姐》的出版過程而沒有封面作配圖，真是有點遺憾！想不到這封面突然"從天而降"，且又來得這樣及時。

黃志華是專門研究歌詞的，所以他當年在報攤上購買了這本《劉三姐》特刊，並保留下來，他是向我印證一下這書是否由我出版。

我把此事告知內子，她說："我記得我們搬屋時，是順便把那些特刊也搬過來的，好像放在木櫃下格。"

是嗎？三十多年了，真的還在嗎？忙不迭翻看一下。果然見到十餘本當年出版的刊物，既有談電影的，也有以"文化大革命"作題材的專刊。這下子可開心透了！

「劉三姐」歌曲全部落齊

劉三姐為何稱「歌仙」？

集體回憶

當年我出版這本《文革期間大寃案》特刊時，正是"四人幫"垮台而一連串文革寃案翻出來的時候，也同時是鄧小平那句名句"不管黑貓白貓，捉到老鼠就是好貓"流行的時候，所以在此特刊封面上，我繪畫了一隻"黑白貓"。

翻開這本四十年前出版的刊物，看到自己寫了一篇"寫在心裡的短劇"以代替"編前語"。這"短劇"今天再看一次，還是滿有感觸的，且讓我在這裡重刊一遍，讓我們來一次"集體回憶"：

一個老畫家，面對大好山河，雙手攏在袖裡，就這樣呆呆地，出神入化的站著。

一位年輕朋友好奇問："老先生，你在做什麼？"

"我在'寫'畫！呀，這畫真美！唉，真美！"

"什麼？你在'寫'畫？我見你好像老僧入定，一站就是個把鐘頭，怎麼說在'寫'畫？"

"小兄弟，這個年頭，最好是用'心'來'寫'，因為——"

年輕人似懂非懂的，他望了望這老先生，再望著眼前大好風景說："也難怪老前輩們惜墨如金，這些年頭也真太難了！"

老先生眼光露出神采，"小兄弟，不要這樣說，年紀輕輕怎麼可以說喪氣話呢！往後的日子多著！"

這時候，有一個中年人上場。唸唸有詞，雙手舞著，好

文革期間

大冤案

「天下已定，我固當烹」？

周總理保護老帥
鄧小平
與三株毒草
阿詩瑪被迫瘋
老舍投湖
羅瑞卿斷腿
容國團吊頸死
賀龍的傳奇
曹禺看門掃街

港幣二元

像是沉醉在一種旋律裡。他"哼"著旋律，是"哼"在心裡，並沒有"哼"出來！當他看到這一老一嫩時，用眼神愉快地打個招呼。背向舞台，坐在一個角落，聚精會神地"哼"歌。

年輕人對老先生說："他好像作曲家XXX，他是不是在作曲？"

老先生說："唔，他是在作'心曲'，他這曲恐怕沒有人能聽到！據他說，這首曲是以浪漫情調去抒寫社員豐收情景！"

年輕人說："這麼好題材，怎麼不好好地向外推介！"

老先生重重地搖了一下頭："音樂比'寫'畫更慘，音樂是抽象的，是情緒感染，更容易讓人家憑著愛惡來批判了。這年頭，這年頭呀，你能怎樣！"

舞台上沉默得一片死寂，老年人繼續去"寫"他的畫，音樂家繼續去"哼"他的"心曲"，聚光燈射向這年輕人，一副茫然悲憤的神態。

舞台慢慢回復"亮度"，音樂家走到台前，對老先生說："我這首曲，真美，真美呀！"他"追"著"旋律"在台上走動。

老先生那空著的一雙手在做著攤畫紙的動作，然後作欣賞狀說："這張畫，'寫'得真痛快！祖國山河多美，多壯麗啊！"

年輕人看著此情此境，啕叫著，忽然嚎叫起來："你們做什麼，你們在做什麼！"他大叫著走回後台。

"悲泣"的音樂效果加強……舞台上剩下的兩人喜興地走動，在"欣賞"著自己的"作品"。

第七章

在《新晚報》的日子

我一直與《新晚報》關係良好，早在上世紀六十年代我已投稿《新晚報》，那時是寫一天完的迷你小說，隨後是《新晚報》娛樂版的特約作者，一寫便是十多二十年。

一九八三年，《新晚報》總編輯羅孚（羅承勛）先生出事（被指控為美國間諜，在北京遭軟禁十年，一九九三年才返回香港），我沒有再見羅先生，直到他九秩晉二那一場壽宴，我出席了，但圍攏著壽星公的人太多，不欲擠上前去，出席這場壽宴便夠了，只在席間與羅太合影了幾幅照片。

羅老總出事之時，曾德成先生一時感情上轉不過來，上頭予以安撫，調上《大公報》擔任總編輯，而《新晚報》也不可一日無主，上頭便指派編輯主任李其燊先生主政，而專責副刊的另一位編輯主任高學逵先生則全力協助。兩位在六十年代後期（即是一九六七年的"五月風暴"之後），先後借調到《晶報》，我當年還在《晶報》，所以彼此認識，而且也較談得來。一九七二年，我跳槽到《田豐日報》，但我同時是《新晚報》特約作者，時有往還。羅老總出事，李其燊、高學逵兩位立即找我過檔，於是便入《新晚報》擔任副刊編輯主任。入《新晚》之初，是前所未有的辛苦，由於《田豐日報》潘懷偉先生挽留，他寫下一封長達三頁紙的信給我，這人情牌不能不接，於是我在這一年裡同時做兩份報紙，且每天還要寫三個專欄，幸好當年年輕力壯。

在《新晚報》工作，整體而言是愉快的。李其燊這位上司不但為人和藹，更不幹那些擦鞋勾當，是真正精於業務的新聞工作者，《新晚報》的馬經版還是由他親自主編的，也許他的"和善可親"，"不太像"領導，也就只做個短暫的攝政吧。隨後，由《大公報》副總編輯趙澤隆先生調任《新晚報》總編，他寫得一手好隨筆，筆名是"龔念年"。他的隨筆我是經常閱讀的，可我更欣賞的是羅孚先生以"絲韋"為筆名寫的雜文，每天《新晚報》出版，我第一時間閱讀的，便是絲韋的專欄"島居雜文"，有一個時期我甚至還模仿他的文風。

我在《新晚報》的上班時間不長，每天下午，我便上兩層樓到《大公報》副刊課交稿，而且總是喜歡逗留在那裡談天說地，這個房間"非常的知識分子"。

當時馬國權先生為《大公報》編副刊藝林版，他是古文字專家，是學術界頗負盛名的學者。他對書法和國畫的認識頗高，以及這方面的人脈關係豐富，今時今日再難在報界裡找到這樣的人才。

在《大公報》副刊課，我跟馬先生最談得來，我們亦師亦友，有一次我跟馬老師說："我想學畫畫，今年也三十八歲了，再不學習，恐怕今生今世也與書畫無緣。"

"好，" 他說："趙少昂與楊善深兩位老師，都是我朋友，你想跟哪一位？"

"嘩，我想跟楊老師呀！前些時在大會堂看過他那幅寫老松的《六朝遺老》，印象非常深刻，我想跟楊老師呀！"

"好，我帶你去拜訪楊老師。"

隔了兩天，我記得是星期三吧，馬老師親自帶我到窩打老山楊善深老師的寓所，拜師去！

我永遠感恩，如果沒有馬先生的帶引，我可能無緣做楊門弟子，如果說我今天在畫藝上算得有一點成績，那都得感謝馬老師這盞指路明燈，當然更要感謝楊老師的教導。楊師是我的啟蒙老師，也是我迄今唯一的書畫老師。每次看著馬國權先生退休時送予我的兩碇特製墨條，總會聯想到在《新晚報》工作時與他交往的愉快歲月。

《大公報》副刊課這個知識分子聚集的房間裡，還有一位先生給我頗深印象，那便是梁大俠——梁羽生先生。原名陳文統的這位大俠，是典型的創作型知識分子，你看他的武俠小說，非常具書生大俠氣息，那才是真人不露相。他是肥佬一名，滿口不似粵語的粵語，當年冷氣機仍未普及，還是風扇世界，梁大俠經常脫下外衣，只穿一件背心——實在熱呀。他最具書生大俠氣質的，就是手上那柄搖個不停的紙扇，他喜歡一邊來回走動一邊說話，且不斷地搖著紙扇，我是非常留心聽他說話的，一個不留神，便容易聽不明他那不似粵語的粵語。

梁羽生先生是一位可愛的寫作人。

在《新晚報》擔任副刊編輯主任期間，我同時在娛樂版寫專欄，因此，與電影人、電視人的交往頗為頻密，特別是邱德根先生入主麗的電視之後（亞洲電視的前身），我有一個時期還擔任邱先生的私人顧問，每個星期六中午，在中環遠東發展大廈總部與他午膳，然後坐下來討論電視節目（這期間與影視人的交往內容，放在本章的"畫外音"）。

三十多年來，我都在"左報"擔任副刊編輯，有朋友好奇問曰：你們左派報紙找副刊作者，是怎樣挑選的？是由上頭指派的嗎？在"左報"寫文章，聽講編輯會與作者約法三章，這不能寫，那不能寫，限制多多的，是不是這樣？

遇上這樣的提問，我從來不多說，簡單地輕輕帶過就是了，這也不是隱瞞什麼呀，實際上就是沒有什麼。以自己這麼多年來任"左報"副刊主編的經歷來說，我對作者從沒有提過什麼約法三章，上頭也從來沒有作過什麼指示，原因呢？很簡單，你既然能擔任這個職位，上頭還用教你嗎？你約人家寫稿，對方的底細如何你還不清楚嗎？譬如當年邀請吳昊兄寫香港掌故，大家什麼也不用說，只交代一篇字數多少就足夠，他連稿費也沒有問，他明白，每家報紙都有自己的稿費標準。

邀請林旭華兄寫稿亦如是，我說："林兄，你對科技資訊很留意，就替我們寫一個這方面的專欄吧，這也好同時迫你好好的練習中文寫作呀！"就這樣，他開始了人生第一個報章專欄。我們是幾十年的朋友，思想取向也許有一點不同，平日裡大家都避談這些，反正有共同語言的地方多的是，包括對電影的熱誠。

再說，邀約寫稿的朋友都知道你這份報章的立場與取向，難道會跟你抬槓嗎？所謂約法三章，其實是大家心中有數就是，不用言明的，所以，我約稿從來不提這些。讓我看不起的寫作人，是那些在同一個政治話題上在"左報"這樣寫、在"右報"又採用相反意見去表達的人，這叫做左右逢源嗎？我實在看不起這樣的文人。幸好，在香港這樣的寫作人其實沒有多少個。

倒是有些問題是來自內部的困擾，你要防的，反而是那些極左思潮。內地文革結束後的初期，有些同事腦袋還轉不過來，我在《新晚報》印象最深刻的一件事，是當年歌唱家朱逢博唱〈薔薇處處開〉，是帶點流行曲味道的演繹，我在娛樂版裡寫了一篇讚賞的稿件，負責音樂版的一位同事看不順眼，著其作者寫"批判文字"，指名道姓地說我在鼓吹靡靡之音。這是硬撼，明知我這編輯主任在看大版時一定看到，可會刪掉嗎？我當時的確猶豫了一陣子，最後還是一字不易，原裝見報（這不算得上是什麼大方，只是希望多一點言論自由吧，哪怕是衝著自己而來）。今天，還會說這是什麼靡靡之音嗎？像〈薔薇處處開〉這樣的歌，恐怕已被視為正經八百的古典歌曲了。

且讓我在這裡轉載一節〈薔薇處處開〉的歌詞：

春天是一個美的新娘

滿地薔薇是她的嫁妝

只要是誰有少年的心

就配做她的情郎

薔薇薔薇處處開

青春青春處處在

對事不對人，我與這位同事如常地和平共處，並沒有發生什麼不愉快，倒是由此而讓我牢牢記著──處理稿件，慎防那些極左思潮。

畫外音一
與電影人、電視人的交往

　　打從六十年代投身報業開始，我都是與副刊打交道；與此同時，另一隻腳則踩進影視圈去。每個少年都會有滿腦子的理想，那時候我迷電影，連俄國著名戲劇和表演理論家史坦尼斯拉夫斯基的"方法論"也刨上。那年代的日本片是全世界視線的焦點，黑澤明執導的《羅生門》與《赤鬍子》、小林正樹執導的《怪談》，幾乎所有殿堂級的作品我都看過。後來連二、三線的日本片都不放過，當中我喜歡的演員包括飾演"盲俠"的勝新太郎，以及背著結他流連酒吧的"小旋風"小林旭；女的，則迷上長得像我們國語片明星尤敏的淺丘琉璃子。西片方面，同樣迷得不亦樂乎，美國導演奧遜·威爾斯自導自演的《大國民》，我最少看了三遍；我看上三遍的還有英國導演大衛·連執導的《沙漠梟雄》與《齊瓦哥醫生》，法國演員阿倫·狄龍主演的《脂粉金剛》，美國演員保羅·紐曼主演的《牧野梟獍》，當然少不了美國演員奇連·伊士活主演的"獨行俠三部曲"；再推上一點的經典，是俄裔美國演員尤·伯連納主演的《七俠蕩寇誌》，美國演員泰倫·鮑華主演的《紅樓琴斷》……真不得了，原來我這一生看的電影，大抵是一般人的三、四倍。除了外地片，中國內地的、港台地區的，也數以千計了。五十年來，都是如此的瘋狂，當然也因為與工作有關，我一直在寫影評。

除了去戲院看戲、寫影評之外，我在工作上還直接走進了影視圈。

在六十年代至八十年代，我們這些娛樂版編輯、記者，與影視圈中人的關係都是頗要好的，是可以真正地做朋友的，不會像今天的"狗仔隊"那樣。

記得在六十年代，有天與當紅小生周驄在中環士丹利街走動，他指著一個地舖對我說："這裡原本是一家餐廳，我入電影圈之前，是在這裡當侍應生的。"你看，那時大家都是朋友，無所不談，周驄大兄也不會因為自己是大明星而有所隱瞞出身，真是君子坦蕩蕩！

銀都電影公司導演張鑫炎，他的揚名大作是以真功夫作號召的《少林寺》，也是此片成就了一位國際大明星李連杰。我在六十年代已經常走進清水灣電影製片廠採訪了，那時候，張鑫炎先生正執導改編自梁羽生的同名作品《俠骨丹心》，當時的"武指"（武術指導）是劉家良和唐佳。在拍攝《俠骨丹心》前，他們二人已是最佳拍檔，那部同樣改編自梁羽生同名小說的《雲海玉弓緣》，其實是打開了新派武俠片的序幕，新武俠電影鼻祖張徹先生尚未開始他的"盤腸大戰"（王羽主演的《獨臂刀》）。

《雲海玉弓緣》是首次運用"吊威也"（吊鋼絲）來

拍攝武打動作的，此後，很多武俠片的俠士都飛來飛去了，連時裝動作片亦如是，真是飛得有點爛。到七十年代，當張徹的"番茄汁"（用來扮作鮮血的道具）推向最高峰時，出現了胡金銓編導的《龍門客棧》、《空山靈雨》，在武俠世界裡這種虛與實形成了強烈對比。

胡金銓編導的《龍門客棧》十分成功，劇本寫得好（《純文學》雜誌曾刊登《龍門客棧》的文學劇本，我當年視之為寫電影劇本的範本）。只是，胡金銓的大成功，特別是在國際的影響上，對他來說著實有點兒出乎意料，於是他往後的電影製作便拋不開大師包袱，特別是緊接著拍攝的四大導合作執導的《喜怒哀樂》（分別是四段古裝鄉野奇談，講述人性善惡、因果循環，當中〈喜〉由白景瑞執導，〈怒〉由胡金銓執導，〈哀〉由李行執導，〈樂〉由李翰祥執導）。胡金銓這一則〈怒〉改編自京劇《三岔口》，同是客棧故事，便完全跳不出《龍門客棧》的影子。事實上，《龍門客棧》一片捉迷藏式追追逐逐的懸疑橋段，其精神落點也是《三岔口》（唉吔，我又寫起影評來了）。隨後由李麗華主演的《迎春閣之風波》到徐楓主演的《俠女》、《空山靈雨》這一階段，儘管在情節結構上胡大導已完全擺脫了《龍》片的影響，但那"大師級"的思想包袱卻一直無法放開，直到他告別人間時仍然是這樣。

這種如影隨形、拂之不去的心理包袱，我在張鑫焱導演身上也能體會到。張導演是一位心思縝密，言行一致，做事一絲不苟的導演。早期，他的新派武俠片已很受邵逸夫先生欣賞，曾有意挖角邀他加盟邵氏電影公司，那時應該尚未出現張徹與他的一眾契仔，但張鑫炎仍緊守長城公司的工作崗位，婉拒了！張導演最為人津津樂道的一部片子，是另闢蹊徑、以真功夫演繹的《少林寺》，此片把武俠片推向了一個新台階。

《少林寺》的主角覺遠由李連杰飾演，他當年還是十七歲的少年郎，是全國武術冠軍，一臉的戇直純真，非常可愛。隨後拍《少林小子》時，在銀都電影公司的安排下，我曾到杭州拍攝場地探訪他們的攝製組，李連杰、于承惠、計春華，以及螳螂拳師傅于海，都是當時全國著名的武術冠軍人馬。我看他們拍攝打鬥場面，感覺到實實在在是太辛苦了，由於強調的是真功夫，很多時候便一個鏡頭直落。我當時看到的一幕，是在後花園裡，李連杰與于海師傅對拆，從這邊打到那邊，還要翻上一張八仙桌上再打下來，沒有停頓，繼續刀來劍往，這是一個鏡頭直落，攝影機就在路軌上跟著拍攝。我看到場務人員拿著的拍板已寫上第十 X 個 take 了，即是這鏡頭已重拍了十多次，兩位演員也打了十多次，直到張導演最後說一聲："好，就這樣吧！"嘩，全世界、全人類立即大大鬆一口氣，李連杰與于海師傅已累到攤在地上，幾乎是動也不動，誰也不想驚動兩位累得要死的演員，我這採訪者也不好意思把這淒苦景狀拍下來。

電影攝製就是這樣艱辛，張鑫炎先生拍《少林寺》取得空前成功，就好像胡金銓先生的《龍門客棧》那樣，大獲成功之後，都會希望更上一層樓，所以此後的要求會更高，但這更高的要求往往會對心理構成很大壓力，我們都會懂得說一句話："只有更好，沒有最好！"於是，像這樣同一個鏡頭拍上十多廿次，就是為了那連自己也不曉得的"最好"。但往往十幾個鏡頭拍下來之後，導演可能會說："還是採用第二 take 那個鏡頭吧！"

我說了這一大堆，只想說明一個道理：成功的包袱會愈背愈重，自我要求帶來的壓力會愈來愈大，這是不容易走出來的八陣圖。胡導演、張導演成功背後的心理壓力，對我在報社的工作起了很大啟悟。

曾有頗長的一個時期，我每星期總有三兩天往"五台山"行走，那時候，無線、麗的（亞視前身），真夠熱鬧，令我產生過這樣的想法……

寫娛樂稿並不一定是把注視力集中在藝人身上，幕後人員的種種，觀眾（讀者）同樣會關心的，於是想到一個問題：是不是可以專門報導、評述幕後工作人員的種種？譬如訪問監製，談談他對這套劇的製作理念，進而直接與幾位製作總監、創作總監談創作思路，以至未來計劃。我當年與麥當雄、李兆熊、徐小明他們都很熟，也就因此恃熟賣熟地直接進入他們的辦公室，大家隨便的坐下來，交換一些創作思路。

邱德根先生入主麗的後，他經常找我談電視改革，後來更索性著我擔任他的私人顧問。對邱先生來說，無可置疑的是他的勤奮。他當年對電視全情投入，我擔任其顧問時，寫了一個計劃給他，提議亞視籌辦電視先生選舉，因為這是可以引起城中話題的綜合性節目，在香港電視史上也從沒有出現過，做起來可以有幾個月的熱鬧。此外，亞視當時鬧小生荒，正好從中選拔人才，有了好幾個月的熱鬧後，最後冠、亞、季軍都有一定的知名度了，這時候再來做藝員不就較容易讓觀眾接受嗎？——最後獲得"電視先生"頭銜的是孫興，"黑仔"姜皓文是亞軍。

我當時的提議中，特別強調不要把節目庸俗化。怎樣才叫庸俗呢？我認為，參賽者不要像女子選美那樣穿著小無可小的泳衣亮相，也不要提那些"唔三唔四"的問題，只要考反應、考演技、考專長便夠，譬如穿起古裝耍劍扮大俠等，可表現的項目多著呢，格調既可抬高，也可不失其娛樂性。邱先生同意這個看法，他談著談著，還興致勃勃地示範，來回走上幾下台步。

"電視先生"這個節目是做出來了，只是我自己有點遺憾，沒有親自擔任監製，以致有些環節走樣，這給我上了一課，今後無論搞什麼活動，不能只寫計劃書（後來的多次慈善籌款活動，我便由頭帶到尾，親自披甲上陣）。

既然擔任人家的顧問，就得要真正地、坦率地把自己的意見說出來。邱先生問我："這兩位製作總監人選，你認為邀請哪一位較好？"我思考了一陣子，說出了自己的看法："你請李兆熊回來吧！"理由是李兆熊是一位拓展型創作人，像一頭開荒牛那樣刻苦耐勞，他沉默寡言，埋頭苦幹，同樣重要的一點，是他不會大花筒使錢，製作開支會控制得好，兆熊哥在"麗的三雄"（麥當雄、李兆熊、屠用雄）年代做出的成績有目共睹，他不但熟悉麗的電視本來的環境與運作，他肯回巢的話，還會帶回一個堅實班底，包括他的拍檔徐小明。

過了一個月，李兆熊、徐小明回巢了，他倆負責過的電視劇《變色龍》、《浮生六劫》，迄今還教我們津津樂道。

遊說李兆熊回巢擔任製作總監，這責任落在了王禮泉身上。我與王禮泉這位傳奇打工仔相識近四十年，他一開始便替邱德根先生做管理，是邱先生的左右手，也看著邱先生的子女成長。後來，禮泉兄跳槽華懋集團，擔任王德輝、龔如心的私人助理，一幹又是廿多年。

在華懋期間，王禮泉其實仍是邱德根的謀臣，邱先生經常找他，他也從沒有"托手踭"（推辭）。幾乎所有生於斯、長於斯的香港人都知道，邱、王、龔三位都是出了名"有性格"的生意人，而王禮泉居然能夠在他們之間遊走四十年，那份功力是何等深厚。

畫外音二

回望與前瞻——本土電影 "魂飛魄散"

　　寫下了這個題目——本土電影 "魂飛魄散"，我自己也有點 "魂飛魄散" 的失落感。

　　我是百分百電影迷，打從十八歲職業寫影評開始，已與電影作了 "生死之交" ——入電影院看戲多過到餐館開餐。

　　六十年代是日本電影的輝煌年代，黑澤明一生的電影製作便相當於整個日本電影的光輝歲月。那年代的日本電影是世界性的，那份東方古典美學，在電影史上配得上 "永垂不朽" 這四個字。

　　其實 "死" 了才能說得上 "永垂不朽"，日本這些輝煌電影也真的死了，而且是死了多時。打從八十年代開始，日本電影便 "一蹶不振"，雖然間中有三幾部片子是算得上 "標青" 的，可再難成氣候！

　　我們香港的本土電影又如何？

　　幾番風雨，潮起潮落，客觀的實際環境，已無法讓我們追求輝煌，但我們的電影人卻生存有道。大抵是那種自強不息的打不死精神，讓我們存活下去。

　　六十年代，是香港電影製作的高峰期，那是 "片花" 年代，也不妨說是電影界的 "皮包年代"，拿著 "卡士" 到東南亞一帶叫賣，籌集到三、四萬元便可以開戲。當時香港有四條粵語片院線，各有各的戲路，真可謂"河水不犯井水"。

國民戲院、金陵戲院的"國金線"，多是放映古裝歌唱片，是"東宮"余麗珍、"西宮"李香琴的天下，當然也少不了"任白戲寶"；"真光院線"是武俠片世界，放映《六指琴魔》、《神鵰俠侶》，常見武打名星有曹達華、于素秋、雪妮、林蛟，還有"笑功震武林"的武林盟主火雲邪神"檸檬"叔等等；"環球線"主打的是時裝片，捧紅了周驄、謝賢、胡楓、嘉玲、南紅、江雪、丁瑩、蕭芳芳、陳寶珠等等，是少男少女的追夢天地；"太平院線"則以中聯電影為主，為人熟悉的演員有張活游、張瑛、吳楚帆、白燕、黃曼梨，這一院線上映的片子都是製作認真的，大家一致認為這些是進步電影，包括拍攝改編自巴金同名作品的《家》、《春》、《秋》。

可惜粵語片愈來愈粗製濫造，遂有"七日鮮"之稱。七日鮮，是雙關語，既形容拍攝時間只在七個工作天，也同時指一部影片的映期是七天，一個星期便落畫了。

粵語片的崩潰，除了受粗製濫造的影響之外，與當時崛起的國語片也有關係，當然主因還是自己，"物必先腐而後蟲生"。長城、鳳凰、新聯是有左派背景的電影公司，此外還有邵氏、電懋、國泰（嘉禾則是後來之事），他們的出現，不僅讓外省人有戲可看，連帶年輕一輩的粵籍人士也趨之若鶩。主因是製作較認真，也有新鮮感。此消彼長下，七十年代後香港電影製作便是"國語片"的天下了。其實從電影製作而言，也毋須分國語的、粵語的，這都不過是本土電影的接棒發展。

"本土"兩字，除了是指"本地"之外，還有另一道意思，即是指本土色彩。以本土環境及故事內容作描述，是具有本土情懷的電影。到了今天，我們對"本土電影"這四個字，似乎愈來愈感陌生了，這不僅是故事題材問題，而且進展到連製作環境也失去了"本土"。商業電影畢竟是由市場來決定的，電影製作成本愈來愈龐大，僅依靠本地市場難以自給自足，要找出路便得與大中華融為一體。不僅是在融資上，還得在故事題材上要有一個"共同睇"。"本土電影"邊緣化而變成街坊生意，試問又怎可能用大企業、大資本的模式去經營街坊生意？在今天已"魂飛魄散"的本土電影，在未來歲月勢將成為"另類電影"，只可以偶然地"敲敲冷門"吧！

這也是世界大勢所趨，雖無話可說，可我們的香港電影人都有一項優良傳統，即是一股"馬死落地行"的打不死精神。既然"魂已飛，魄已散"，那就把"魂魄"附在別個軀體上繼續生存下去。

報章的電影廣告

今天你打開報紙，已很少見到電影廣告。

上世紀六十年代至八十年代，電影在報章上賣廣告的方式大行其道，特別是本地製作。新片上映，其廣告可能會在報紙上大版大版"殺出"，由於廣告量較大，報紙在廣告費方面也會酌量減收，收五折，甚至是低至四折、三折收費。

到了今天，這類電影廣告也銷聲匿跡了。迷你影院的湧現，使整個戲院經營模式也跟著改變了。

這裡刊登一則當年在報章出現的電影廣告，影片名為《爵士駕到》（爵士指的是爵士舞），是著名演員鮑方的兒子、"影后"鮑起靜的弟弟——鮑起鳴（鮑德熹）首次執導的作品。當年是頗前衛的，不大叫座，此後鮑起鳴便轉做電影攝影，成績卓越，還成為首位獲得美國奧斯卡金像獎最佳攝影獎的華人攝影師（因手頭上剛好有刊登這電影廣告的報章，便順作介紹，並藉此向鮑方前輩默告一聲：你真有先見，兒子果然"包起鳴"）。

鮑起鳴首次執導的電影《爵士駕到》在當年報章登廣告。

第八章

全身投入出版

　　我離開《新晚報》，是在一九八九年的下半年。一九八九年六月四日，發生舉世矚目的"天安門事件"，我在"事件"平靜後沒多久便離開了工作六、七個年頭的《新晚報》，難怪有朋友追問："你也選擇離去？"甚至有行家在報章上寫了一篇稿，標題直接把我的姓名寫上——〈陳志城為何停筆？〉

　　發生了"八九‧六四"這樁不幸事件，誰人能安枕？誰人能無動於衷？但離開《新晚報》可不是因為"六四"。我早在一九八九年年頭已打算辭職的，突然出現"六四事件"，哪有心情去想轉職事？這時候反而要好好地留守在報館。大抵到了八、九月，我撥了電話給聯合出版集團董事長李祖澤先生。

　　"李生，我們之前約定之事，可有改變？"

　　"沒有改變，一切依照原定計劃進行。"

　　原定計劃是什麼？

　　原來，聯合出版集團有意加強出版書類，他們在傳統經營上少有"流行文化"這一項目，於是由我以"公私合營"的方式籌備一家出版社，專門出版流行書，特別是當年方興未艾的"袋裝書"。籌備了兩三個月，"創藝文化企業有限公司"（下稱"創藝"）面世了。

　　我還保留了當年在報章上刊登的那一整版賀稿。

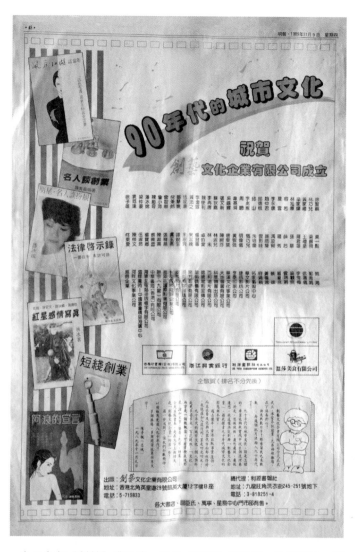

一九八九年"創藝"成立時,曾於《明報》刊登了一整版賀稿。短暫告別新聞界,全情投入流行文化出版,得到不少文化界朋友捧場、協助,甚是感激。

　　為了"打響頭炮"，一開始便一口氣推出六、七本"袋裝書"，從這些書名及作者看來，可曉得當年是集中策劃普及文化的，有《風月·江湖話當年》、《名人談創業》、《法律啟示錄》，還有林冰寫的《紅星感情寫真》……隨後陸陸續續出版了多個系列，包括吳昊的多本"香港掌故"，連風水命理也有。當時朱鵲橋先生是行內頗富盛名的命理專家，我為他出版上、下兩冊的"面相學"，朱先生也許因為是"傳統文化人"，比較"保守"，他打算用書名《觀人於微》，這似乎"平淡"了點，該書既是看五官的"面相學"，何不索性命名為《帶眼識人》？書名是很重要的，特別是普及文化。《帶眼識人》一書能再版，除了書內容本身有實學價值之外，這一書名也起到了帶動作用。

　　香港的圖書出版，最興旺的歲月是在上世紀八、九十年代，一直到進入二十一世紀初期，不過到了今天，由於電子時代的崛起，對書刊出版有不少影響。這影響不是說什麼"電子書"打垮"印刷品"，這是兩個行當，一如電視的出現，有人說電視將會取代電影，其實影與視各有功能，各有各的發展路向，不是誰可以取代誰的。今天也證實了這一點。

　　電子時代的出現，使年輕人著了迷而減輕了看書的意欲，但這與什麼"打垮"、"取代"無關，因此可以說，即使到了今天的"電子時代"，圖書依然有自己的存活空間。今天如是，將來亦如是。慢慢地欣賞圖片，也可以珍而重之地放在書櫃裡。印刷的書本，其價值可不是電子書替代得了的，電子書對書本無直接影響。

真正受影響的，是"流行"的東西。但既屬流行，即是"潮流"問題而已，潮流的興起與引退，就好像海水的潮起潮落，是自身問題。流行於上世紀八十年代的"袋裝書"，是輕裝上陣，是細度三十二開本，甚至是四十八開的，薄薄的一本，方便放在衣袋或手袋裡，因此而名之為"袋裝書"。

"創藝"除了仍然"看準而動"地出版"特刊"在報攤發售外，在書店發行的便全都是"袋裝書"。做出版而與聯合出版集團合作，可謂"如虎添翼"，他們是強有力的出版集團，其三大支柱分別是三聯書店（香港）、商務印書館（香港）以及中華書局（香港），不但出版的圖書種類和數量多，重要的是有幾十家書店門市，在書業市場上佔了"大半壁江山"。我當年創辦"創藝"，其實是頗有"野心"的，否則也不會以"文化企業"這一名稱出之，在策略上是先行在書籍方面站穩腳，然後向其他流行文化發展，包括籌辦演唱會。可惜，一年之後卻有了變化。

一九九〇年，聯合出版集團收購《香港商報》，我既是報紙出身，對流行文化又頗有經驗，有天，李祖澤先生和集團副總裁羅志雄先生一起找我午膳。

李先生"開門見山"地說："我們想你加盟《香港

商報》。"

"那我的'創藝'怎麼辦?"

"如果你同意,'創藝'由《商報》收購,你把'創藝'一併帶過去,怎麼樣?"

"什麼時候開始?"

"愈快愈好,《商報》需要進一步大改版。" 李先生說:"羅志雄兼管《香港商報》,他擔任代社長,你全力協助他改革,你的職位⋯⋯"

羅志雄說:"如果暫時稱為社長特別助理,可不可以?"

"沒所謂!不過也用不著特別兩字了,職稱就叫社長助理吧!"

就這樣定了下來。

我就這樣重返新聞行業。

畫外音一
湮沒了"大眾文化"

　　每次在書店看到"香港文學"這欄目，心情總是不大舒暢的，我甚至"賭氣"地自問："香港有文學嗎？……這就代表香港文學嗎？"

　　今天我們看到的"香港文學作品"，並不見得就是"代表"了"香港文學"，充其量是呈現了"一小部分香港文學作品"吧！在過去整整一個世紀裡，作為傳播媒體的香港報業，是真真正正的"香港文學的溫床"，也不妨稱之為"香港文學的土壤"。在上個世紀，報章副刊就像一個繁花盛放的花圃，你栽種什麼花都可以，只要適合這裡的氣候土壤便可。因此人們在報章副刊上，特別在六十年代至八十年代這些歲月，大家都會從這些"土壤"上獲取常識、學問，以及文藝創作，也因此而養活了一大幫"爬格子動物"（以"爬格子動物"來形容寫稿人，是作家馮鳳三先生的自嘲之言，很傳神生動）。就因為副刊園地百花齊放，在大受歡迎的大眾文化、大眾文學的"護養"下，某些自視為"雅文學"者才會有生存空間（報章之外，那年代還有好些雜誌也分擔了這些"雅文學"的存活）。我長期都是主編副刊的，這方面自問頗為清楚，而且個中點滴常在心頭。

非常可惜，在上世紀，報章副刊絕大多數作者都沒有結集成書的習慣，我們寫報紙的，無疑都是為"稻粱謀"，即使如此，有不少"爬格子動物"還是認真而又很花心思地去寫他的"搵食稿"。

這些"搵食稿"可以實實在在地代表香港文學——最少也是代表了香港的大眾文學、普及文學。我總認為：既然文學有稱為"雅文學"與"俗文學"的，則所謂"俗"，既冠以"文學"兩字，不就同樣是"文學"嗎？可某些"非常顧影自憐"，甚至"非常顧盼自豪"的"雅文學"者，既寄生於大眾文化園地，可又看不起"俗文學"。——你的爹娘幹粗活養活了你，你不但不感恩，你還去"劃清界線"？

金庸與梁羽生的武俠小說，都是先在報章上分日連載，然後因為出版了單行本才得到廣泛流行。如果黃谷柳在《華商報》發表連載小說《蝦球傳》，後來不是結集成書，它會流傳開來、會在今天被視為廣東方言小說的經典嗎？倘若，能夠把過去大半個世紀以來的在報章副刊刊登的文章好好地梳理，好好地挑選出版，則所謂的"香港文學"將會完全改觀。真正能夠代表香港文學的（無論是"雅文學"還是"俗文學"），都給湮沒了，湮沒在報章副刊這個汪洋大海裡。

進入二十一世紀，香港的報章副刊沒落了！真可謂花果飄零。連報章、雜誌都在萎縮的今天，文學也該尋找新的"寄生王國"，寫書成了唯一的出路吧？

雖然這條路很窄，也許另一條出路，是轉型吧！文學成了藝術的"原創"，譬如電影、電視、舞台，以及音樂、舞蹈，甚至是美術等藝術作品，這其中，原創的內容便是文學，文學再不僅僅是以"文字"的形式呈現了。

我在過去近半個世紀的副刊生涯裡，留給自己最深刻印象的，是其中一位"雅文學"作者的一個專欄。我先要說明一點，他的寫作是十分認真的，可也同時"太愛護自己"了吧？他想在報章上開闢一個專欄。"可以"，我說："以你的寫作能力，能為我們報章寫稿，我還十分感激呢！"

可是，這位"文學作家"的"稿"，你以為如何？他的專欄寫上大半年，仍然只是一個題材：沒完沒了地寫那個離島上的花花草草，而且還不是按照報章連載習慣的每日一則（譬如"每日一花草"）。原來，他是早就寫好了一大疊稿件，是準備出書的，他只是每天按照專欄字數而傳稿過來罷了。因此讀者有時會看得莫名其妙——怎麼一段說話還沒講完便收筆了？

一小段說話居然會留待明天再續。這樣的連載你能接受嗎？

我們做任何事情，不要只顧著自己，同時也要顧及他人才好。

金庸小說

　　金庸先生的作品，絕大多數都是先在報章上連載，一天一天地寫上去，到出版單行本時便一再地修訂、修改。其著作在今天已成了某些"雅文學"者的"金學"。諷刺不？這也說明了文學就是文學，好的作品就是好的作品，分什麼雅俗？

　　金庸先生曾於一九九七年送我兩套武俠小說，其中《倚天屠龍記》還以小女詩行的名字嵌上兩行詩句。此套書她已"據為己有"。

畫外音二

回望與前瞻──電視傳媒的出路

香港的電視發展史很短，到目前為止也不過是半個世紀。

無線電視是一九六七年十一月十九日開台的。這之前，麗的映聲是屬於有線的電視台，是收費台，就像我們家中的"固網電話"。那時候，電視是奢侈品。待免費的無線電視出現後，電視廣播才大行其道。

每次想起麗的（邱德根入主後改名為亞洲電視），與無線的苦爭苦鬥，我便會很自然地聯想到那一句話："一子錯，滿盤皆落索！"

如果麗的映聲在無線開台前便轉為免費電視，情勢便會大大不同。人家無線一開始就是免費的，而且入屋方便，收視清晰，一下子便鯨吞了這個市場。在往後的三幾年，麗的才慢慢地轉為免費電視，而且在收視網絡上也吃虧得很，單是改變畫面上的"雪花"已勞心勞力、勞民傷財地弄上了好幾年，但人家在這幾年裡已站穩了腳，已穩坐釣魚台了。往後的日子，麗的一直在捱打，偶爾打上幾場漂亮勝仗，可因為根基不穩，一下子又被打回原形，確實是舉步維艱。

香港的電視發展，我認為是一開始便走上歧路的。如果初期定位為"資訊"節目，設多個頻道，以低成本經營，則容易生存發展；但電視台卻放重本在戲劇上，爭取觀眾的收視率。以戲劇作為競爭手段，且可以同時把自家藝人捧紅，本來是一個很好的做法；可是一旦過於側重的話，便會形成一個大包袱，成本之重，即使在本地市場以外有東南亞的"賣埠"，但能吃得消嗎？有很長一個時期，電視台每天三線自製戲劇節目，這是兩個半至三個小時的戲劇，是每天呀，相當於每天拍一至兩部電影，這需要多大的人力財力？再加上為了競爭而採取電影的拍攝手法（由麥當雄的《十大奇案》開始了菲林拍攝，無線被迫只能亦步亦趨）。

　　無線開台之初，以轉播外地電視劇為主要戲劇節目，例如當年日本《青春火花》中"東洋魔女"的排球形象便深入民心。三幾年後，無線有自己的戲劇製作，《狂潮》、《朱門怨》吸引觀眾，在製作上沿用較"平面"的電視製作模式；漸漸地，舞台化的"平面"也立體起來了，包括依靠情節推進的節奏，但依然是電視製作模式。長篇電視劇本來就是電視劇的"撒手鐧"，它有較大篇幅讓你去刻畫人性，一如在小說範圍裡，能深深感動讀者的、能成為不朽名著的，總是長篇小說居多，就因為它有較大空間去刻畫人性——從來動人的小說，讀者記得的都是小說裡的人物，如《三國演義》裡的劉、關、張、諸葛亮、周瑜；《西遊記》、《紅樓夢》無不如此。

所以，無論東方、西方，"肥皂劇"仍是電視戲劇節目裡受歡迎的劇種。

隨後中篇劇、單元劇相繼興起，同時全面地把電視劇的製作電影化起來，製作壓力與製作成本大大增加，但這時候電視台已被綁在戰車上，不得不繼續前行。

到了這時，已經不是單純的"電視戰"，而是電視與電影爭一日之長短了。這個競爭一開始便注定是走上"不歸路"，其付出的代價有多大？長年累月的電影式戲劇製作，那是一個龐大的天文數字。

觀眾的"胃口"是吃大了，到了今天，能不能返轉頭呢？我看還是可以的，返回"初心"，加強資訊節目，以傳媒為體，介紹世界各地風土民情的深度遊；少來那些不知所謂的"派獎品遊戲節目"、"自己笑餐懵而觀眾木無表情"的鬧劇節目。

電視的經營有一個好大的優點，那就是其本質為"文化產業"，講求的是創意，不是用金錢就能成事的。

行走了半個世紀的電視，如果繼續讓自製戲劇作為主體發展，則肯定是會愈走愈辛苦的。此刻能否及時作出調整，在歧途上尋找新出路，就要考驗今天電視主策人的智慧了。

第九章

單槍匹馬入《香港商報》

我重返新聞界，入《香港商報》首先擔任的是社長助理，協助代社長羅志雄先生改版。

羅志雄是當年聯合出版集團副總裁，主管印刷，擔子早已不輕，如今兼管《香港商報》，可謂百上加斤。他每天日間在總公司，黃昏時分便到《商報》來，一直幹到晚上十時才回家。整整一年都是這樣，其吃力可知，但羅志雄是一位責任心重的"工作人"，"私心"甚少。

我入職《商報》時，社長、總編輯及總經理三個職位仍是懸空，故羅志雄是代社長兼管營業部，我以社長助理一職專責改版。在改版工作上，我與原《商報》副總編輯許燊先生緊密合作，原《商報》編輯主任李欽漢先生，更是一位出色的新聞工作者，文章也寫得好，為人低調，我十分敬重這位報壇前輩；助理總編輯朱錦添先生、負責馬經版的許志本兄，以及編輯余江強兄、電訊版的許肇江兄，全都是資深傳媒人，他們都是原《商報》的骨幹分子。

李祖澤先生著我轉職《商報》時，曾問了一句話："你會帶多少人過去？"

我當時不假思索地回答："我不帶任何人，單槍匹馬好了！"

我的理念是，如果再組一個新班底，必然會引起新舊衝突，為何不好好地善用原有人才？除非你對自己沒有信心！

如果不是"紅褲子"出身，而又做上所謂"空降部隊"的，心底裡可能不踏實，午夜夢迴也會以為別人整蠱自己，於是走馬上任隨之而來的動作，就是"建立自己的班底"。這個"班底"最大的作用是什麼呢？大家心裡有數，只是為自己築一道防火牆吧！而實際上並不存在什麼"火"，有的只是自己"心虛"的"虛火"而已。

我每次跳槽，例必隻身上任，更不去營私結黨。不是自命清高，而是那種搞小圈子的弊病看得太多了，實在討厭那些什麼"辦公室政治"。

入《商報》的頭兩年（聯合出版集團收購《商報》一年後，我才轉入），真是非常的"瞓身"（不是"困身"），把全副心思都放在工作上，與原有的同事合作得很好，不僅是"管理層"，好些記者、編輯都是舊相識，我們在新聞行業裡打拚多年，此刻大家可以同心協力策劃新版面。

在這期間，我還籌辦了一項在香港報業上可視為"前所未有"的活動：在旺角大球場辦了一個別開生面的演唱會，不但是大歌星演唱，還有幾百人同場共跳健康舞，以及明星足球隊與足球圈元老隊的足球對壘。有關這些活動，讓我在本章的"畫外音"為大家作較詳細的說明。

通過這些活動，我個人的得著是在實踐中體會到群策群力的重要，全報社每一個部門的同事分工合作的幹起來，而且都是主動積極地參與，不論是事前的籌備，還是當晚的演出。一部分同事在現場打點，另一部分留守在報社的，則把其他同事的工作兼顧起來。大家目標一致，對這種群策群力活動，我實在有說不出的感動。

與此同時，工作環境開始進入一個"新變化"。

懸空的位置逐漸被填上，社長職位由吳帆先生擔任，他曾任外交官；馬力任總編輯；後來陳南也從《文匯報》的副總編輯位置上轉過來，擔任總經理；而我則在他們上任半年前已轉為副總編輯。

由馬力的"新班底"作前線搏殺，我則退居"後衛"，除了負責副刊外，後來更與轉任"執行總編輯"的陳南分別擔任"值班老總"，每星期各負責三至四晚的新聞版面。至於馬力，因為臨近"九七"，故較專注於政治議題。

陳南是真正的傳媒人，他是不適宜擔任總經理的，他是"新聞人"，比我更熱衷於新聞（我其實是個"文化人"）。如果你要我選一位"新聞界的謙謙君子"，我第一個提名的，就是原名"陳南成"的陳南。他即使"保護"了對方，也不會表露一句，往往是當事人從第三者的談話中，才知道"曾經有過這麼一回事"。這樣的好人，為何上天那麼快便把他召回去？他在快退休之時往生了。

在擔任"值班老總"的日子裡，有比較多的個人時間，正好用上孟子的名言："窮則獨善其身，達則兼濟天下！"（所謂"窮"，這裡指的是"守"、是"退"，退一步，海闊天空，很好！）於是，我以兼讀生身份在廣州暨南大學（下稱"暨大"）入讀研究院，讀的是"現代文藝"，研究的課題是"現代文人畫的美學思路"。這一班是專為海外生而設的，而這班海外生都是澳門人，只有我是來自香港的，為了方便學員，暨大借用了珠海拱北一所小學上課，於是每兩個星期我便到珠海拱北，上課時間是星期六下午，晚上在酒店過夜，次日星期天則是全日上課。一下課，我便過海關，從澳門回港，出碼頭後立即坐地鐵返報社上班。

這樣的讀書日子，維持了整整一年。五十歲人重拾做學生的樂趣，快哉，讀書樂！特別的是我們是借拱北一所小學當課室上課的，坐在小學生的書桌，回想到四十年前做小學生的日子，別有一番滋味在心頭！這滋味呀，真好！小息的時候，在這校園看樹上的花開花落（前兩周，這花還開得好好的，今天卻落英繽紛）。驀然感覺："意靜不隨流水轉，心閑還笑白雲飛。"

年過半百還"揹起書包上學堂"，這其實也是一次難得的機會，我只讀至中學一年級便輟學了，連初中也沒有完成，更不要說大學。但由於我的工作職位和有十多本所謂的著作出版，在兩位教授聯名保送下，破例讓我報考碩士班。

一年後，我的指導老師——副校長蔣述卓教授說："你就開始研寫論文吧！每月來暨大一次，我們直接交談好了！"

除了蔣校長，還有李文初教授、劉紹基教授、費勇教授都給我上過課。我這個"老學生"開始時還"不以為然"的，但上了兩堂後，發覺教授們年紀雖然比我輕（李文初先生除外），但學問都比我好，人家花上十多廿年，甚至一輩子的時間，專注研究一門學問，卻在短短的日子裡傾囊相授，多麼難得啊！所以，這一年我並無缺課；往後兩年也常在暨大校園走動，與教授們談書問道。在暨大的大禮堂，披上碩士袍，排隊上台領取畢業證書的時候，我樂得像個小學生似的。

在"獨善其身"的日裡，我不但完成了碩士課程，也同時加強了書畫學習。一九九八年，我在"集古齋"畫廊開了第一次個人畫展，楊善深老師不但贈我墨寶"三思方舉步，百折不回頭"，還出席主禮；香港佛教聯合會會長覺光長老（我的接引師父）、《香港商報》董事長李祖澤先生，以及贊助我這次展覽的"華懋"王禮泉兄，都撥冗出席主禮。

我之所以詳述這些事，只想告訴大家：人生在世，無論你遇上什麼環境，都毋須消極地“怨天怨地”，在審時度勢下，適當的調整，化被動為主動，甚至可以將壞事變好事。又想起漁父對屈原唱的那首“滄浪之歌”：“滄浪之水清兮，可以濯吾纓；滄浪之水濁兮，可以濯吾足。”

聯合出版集團收購《香港商報》後，再怎樣努力也無法“止蝕”，甚至可以說是“徒然”的，香港報業生態早已“大江東去”。十年下來，不得不止蝕離場，由深圳特區報業集團接棒。

《香港商報》轉型再轉型，既已再無多少香港特色，香港員工亦是可少則少。

馬力轉全職於民建聯，我則離職一個星期後在香港商務印書館擔任策劃顧問，然後是市場總監。另一位比我稍早離職的同事，半年後在一次晚膳上，他向我說了一句話：“對不起呀，有怪莫怪，過去之事就當我細路仔唔識世界。”

我知道是怎麼回事。既然對方都對你這樣說了，還有什麼會放在心上呢？

其實我早已放下，並且心存感激！要不是這兩三年的“獨善其身”，我則無緣進入大學校園，也可能沒有機會在書畫方面更上層樓，為往後二十年的專注研藝打好基礎，很感恩呀！

人生之路，路漫漫其修遠兮，吾將上下而求索。青峒

屈原想“上下而求索”，但因為內心糾結，最終投江。命都沒有了，還能“求索”什麼呢？“獨善其身”不就可以了嗎？

畫外音一
群策群力辦綜合晚會

　　轉職入《香港商報》的第一年，適逢該報邁向四十五周年，籌辦一項什麼活動以示慶祝好呢？與娛樂版同事談及，大家"天馬行空"地開"吹水會"，一位同事說："可不可以邀請四大天王開演唱會？"歌壇的"四大天王"，大家都曉得是劉德華、張學友、黎明和郭富城，能夠邀請到其中一位已經是"天大面子"，更何況是四位？真是想也不敢想！但有時候，你不去想、不去嘗試，你怎麼知道沒可能呀？

　　"如果我們辦的是慈善演出，不是沒有可能的。"我說。我決定為"希望工程"籌款，而且也不是什麼"扣除所有開支後悉數捐款"，不是的，所有開支另行找贊助。結果，劉德華、張學友和郭富城都爽快地答應了。黎明呢？沒辦法，他當晚在深圳有演出，不能分身。我們同時也邀請到葉蒨文、葉玉卿兩位女將。這陣容你以為如何？實在太好了！這都是我們娛樂版同事的努力，也同時讓我深有所感——香港藝人不是"搵銀至上"的，他們熱心公益，充分發揮"香港精神"。

　　有了這份答允後，便可正式進入策劃階段，開展一次全館各部門同事團結一致、通力合作的活動。我打算作戶外演出，屬意旺角大球場。既然是球場，讓人很自然便聯想到"明星足球隊"——咦！有沒有可能把"明星足球隊"也"拉"進來？很幸運，我認識香港商業電台當時的宣傳經理羅嘉慧，如果邀請她參與策劃打點當晚整個活動，必會收事半功倍之效。

這是一次慈善活動，嘉慧十分樂意，於是，"明星足球隊"也答允了，連當時紅極一時的"軟硬天師"（林海峰和葛民輝）也接受邀請擔任司儀，這對"鬼馬雙星"令當晚的演出生色不少。

任何策劃，我們不能一開始便耍手擰頭地說"這也不行，那也不行"，當然也不能"吹水唔抹嘴"地胡吹亂說。我常跟同事說："在策劃中，不但要有創意，還得看到可企及的可行性，不是說有百分之一百的把握才去做，如果是這樣，這不叫策劃，更說不上創意，這只是'執行'。策劃的重點，是在於你經過分析之後，發覺可有六、七成可能便可考慮進行，剩下的三、四成呢？這便需要通過努力去把一個又一個的困難克服過來。"

在考慮"明星足球隊"的同時，我也在考慮足球圈的"元老隊"，體育版兩位主管——朱錦添與沈啟林，跟曾有"亞洲第一中鋒"之稱的鍾楚雄先生熟識，由這兩位大兄同事出面遊說，一定成功在望。結果果然馬到功成，"明星隊"對"元老隊"真是旗鼓相當。

筆者為寫本書《香港傳媒五十年》，特請朱錦添兄憶寫當年這場"世紀大戰足球賽"的兩隊名單：

明星足球隊：譚詠麟、陳百祥、曾志偉、尹志強、李克勤、任達華、高飛、泰迪羅賓、黃日華、成奎安、苗僑偉、葉尚華、李潤華、何家寶。

愉昇元老隊：鍾楚雄、何保羅、葉錦洪、余國傑、秦禮文、劉榮業、張志培、李國強、何耀強、陳振權、黎新祥、鄺子賢、盧洪海。

說起來，有點對不起葉蒨文。當晚葉蒨文是唱壓軸的，她的歌還未唱完，譚詠麟、曾志偉等明星足球隊隊員實在忍耐不住了，紛紛走進球場傳波作熱身運動。這也難怪，他們在後台熬了一、兩個鐘頭，球癮難忍。

旺角球場規模也不小，可容納數千觀眾，而歌唱舞台則設在球場中央，如何以最快速度"拆台"作球賽？羅嘉慧的製作組真厲害，十多位"大隻佬"可以迅速地在十五分鐘內把整個舞台拆走！香港影視人的這種工作精神，令我在二十年後的今天仍記憶猶新。

這一個"綜合晚會"令我"記憶猶新"的事情太多了！歌星們不但沒有拿取一分一毫的歌酬，還私下掏腰包，譬如張學友演唱便是自己帶來一班伴舞員；葉玉卿唱新歌《白玫瑰》，我著娛樂版編輯郭幼苗小姐在球場旁的花墟花店選購兩"打"白玫瑰，讓葉玉卿演唱時派送給歌迷。店主知道我們是慈善活動，這二十四支玫瑰便由他們贊助了。

當時也有兩項"不足為外人道也"的驚險事例，我今天也在這裡透露出來吧！

　　演出當天下午，我正在球場觀看"健康舞"綵排，接到無線宣傳部曾醒明兄的電話，"陳兄呀，你得保證，郭富城今晚的演出不會被偷拍錄影而流出市面作販賣用途呀，否則，郭富城今晚不能出席演出呀"！當年市面上的盜版 VCD 十分猖獗，無線有這樣的擔心合情合理。嘩！如果郭富城不能出席，買了票的觀眾不鼓噪才怪！於是立即寫了一份保證書，由同事傳真給無線宣傳部。這可真夠捏一把汗的，幸好無線是說"要我保證"，如果說"取消演出"，真不知如何是好！

　　另一項"驚險"是什麼呢？我們之所以在球場中央搭舞台讓歌星演唱，原意是怕歌星如果在球場內走動，與歌迷們握手互動，可能會令歌迷熱情加倍，一旦衝入球場，如何是好？我的擔心果然出現了，郭富城習慣了蹦蹦跳跳，活躍得很，要他站在中央孤獨地遠離歌迷，一定渾身不自在，他唱上三兩句後，便跳下台來，走到觀眾席去。這下子，我"嚇"得不知如何是好，反而是身旁旺角警署的指揮官安慰我："陳生，放心吧！我已多派一隊警員過來啦，沒事嘅，放心吧！"真要唸一句"阿彌陀佛"，果然平安沒事。

　　之前，獲得警方批准場地後，我與幾位同事到旺角大球場視察場地，看到偌大的一個球場時，真是有點膽怯：如果只在球場中央搭台讓歌星演唱，則必然有空蕩蕩的感覺，這可如何是好？我坐在球場看台上思考了好一陣子，忽然想起“風水師”陸毅兄跟我說過：“我們的‘古代東方學會’有一項跳健康舞活動，由一位姓蔡的舞蹈師擔任導師，隨音樂起舞，有幾百人參與。”

來了！所謂“靈光一閃”，我立即撥電話給陸毅：“我這次旺角球場演出，可不可以請你們參與？我的想法是，一開場把幾百位跳健康舞的朋友在球場上鋪開來，然後由蔡教練在台上指揮，大家隨音樂起舞。”可以想像，這樣的開場氣勢，一定有瞄頭。當晚確實有這樣的好效果。古代東方學會積極而認真地參與，當天下午在球場上還作了綵排，其中有不少人是長者呀！這天午膳的幾百個飯盒，還是由古代東方學會贊助的，你說，多麼的教人感動！

我們為了儘量多撥善款予內地興辦小學的“希望工程”，於是廣告部同事使出渾身解數找贊助，一萬、兩萬，甚至五萬元以上的贊助都有。

事後看回當晚的錄影帶，這才發覺，原來我未到半場已聲音沙啞，當晚的緊張忙亂可想而知。說到底我們對籌辦這些演出活動還是非常非常的外行，但卻得到了一個難得的“人生經驗”——一個人的力量是微薄的，群策群力、同心協力是多麼重要！

在《香港商報》的日子裡，我還舉辦了多項規模較小的籌款活動，包括華東水災時我們辦了書畫展，饒宗頤教授即時寫了好幾幅書畫作品供籌款。

讓我多說一句，我們香港書畫界朋友們總是希望能以自己的專長為社會多做一點公益事，所以，每次當我籌辦這些慈善活動時，都很暢順地得到朋友們無私的協助。

這是我的切實體會，很感恩！

回望與前瞻──報紙的存活空間

進入二十一世紀，由於電子傳媒日趨發達，"紙媒"已到了日薄西山之境，用"夕陽無限好"來形容也不恰當，因多了一個"好"字！此乃全球趨勢如此。

二十世紀中葉，可以說是香港報紙最興旺和發達的時期，小小一個地方居然有二、三十份日報的出版，大報、小報、"左報"、"右報"、"中立報"，還有娛樂消閑報，甚至是大版大版以小廣告形式出之的"尋芳指南"報。這裡還不把馬經報計算在內。

從事報業生涯的人員有多少？雖無正式統計，但肯定是一支龐大的隊伍。

左派報紙陣營，層次分明，就像球場上的佈陣："中前鋒"是《文匯報》、《大公報》、《新晚報》；"兩翼"是《晶報》、《香港商報》、《正午報》；打"後衛"的，亦即是所謂"外圍報紙"，有《香港夜報》、《田豐日報》、《新午報》等，各有位置。雖然有時靈活地互補一下，但各就各位的辦報路向，都是清晰的，這也用不著什麼管束、約束，大家清楚自己要爭取的是什麼樣的讀者群，好好地守著自己，以及畫大個"餅"便是了，用不著去取代別人。

不僅是左派陣營吧，整個香港報業生態都是如此，是"左"、是"右"、是"中間"，還是僅作消閒（那時候以財經為主的專業性報紙仍未出現），都是各自在自己的範圍內"搵食"。"左"與"右"，主要是反映在新聞報導的取向上，特別是國際新聞、政治新聞，至於一般的民生、文化，那"界線"是模糊的，甚至用"模糊"來形容也不怎麼恰當。除了新聞立場以外，其他的都"無所謂"了，突發新聞更是互通有無。在六十年代，有些做"駁腳記者"的（指兼職多家報社的記者），"左駁"、"右駁"；寫副刊的作者更無分別了，換過一個筆名便可以在左、中、右各報佔一地盤搵食。

每家報紙都有自己特定的讀者群。在廣告上也同樣可以反映出來的，特別是六十年代至八十年代吧，從那些分類廣告便可以看到這特性。《星島日報》分類小廣告，多是樓宇租售、寫字樓的文員招聘，以及一些汽車買賣，是較中產的；《成報》則集中在勞工市場。這兩份報紙的分類小廣告，在高峰期每天平均有三、四個，甚至六、七個大版，小小一個方寸之位，便得一、二十元，要連刊三天，現金交易，真是名副其實的"寸金尺土"。用句廣府話形容，這可真是"豬籠入水"。

另一個"豬籠入水"的小廣告現象，則屬於病態社會下的畸形現象，那是七十年代末至八十年代出現的"尋芳指南"（不，應該說是"尋春指南"）。你打開好幾份夜報，那些佔去一兩個大版的小廣告版面，都是教你"按圖索驥"找"一樓一鳳"的。這種明目張膽、艷幟高豎的做法，在報章上猖狂了十年八載。港英政府自己也覺得"架步"（色情場所）太多、太張揚、太丟架，即使"整色整水"也得做做門面功夫。黃色架步收斂了（表面上），這些尋芳廣告還可太張揚嗎？藉此而生存的"小報"也趁機"摺埋"。

左派陣營的報紙，從創辦到現在，即使其中有些因銷路下滑無法生存而結束，可從來都不沾手色情。即使在副刊小說版上灑點"鹽花"，亦不過是點到即止，真說不上是色情，充其量是一般的情慾描述。

一九九七年——香港回歸之後，也是香港報業開始"陰乾"的時候。原因可以分作兩方面來看看：

一、電子傳媒的崛起，使報章新聞失去主導地位；電視的戲劇節目及"生活資訊"節目，也取代了報紙原有的同類性質副刊。

二、過去一百年來，報紙都是擔負起宣傳任務的，從國家民族、地方勢力，到一般民間團體，各為自己的利益與理想存活下來，一旦到了時勢轉變，不起作用的時候，也就是完成了它的歷史任務的時候。

左派陣營報紙，其實早在"文化大革命"以後便已走上"不歸路"。"文、大、新、商、晶、正"六大"左報"本來各有讀者吸納對象，但"一統江山"之後，六台戲實際上變作了一台。與此同時，內地慢慢開放，"國內新聞"的優勢也沒有了。在內地經濟改革開放的初期，即是"皮包公司"（空殼公司）滿天飛的時候，香港左派報紙也能負起橋樑作用，在廣告收益上大有增長。可惜，這也不過是"迴光返照"，當人家走上軌道之後，還需要你什麼？大家心裡有數，報導內地新聞（包括經濟信息）、"境外自己友"的報紙能有"與別不同"的獨家報導嗎？"搶新聞"、"食頭啖湯"，這些對我們新聞從業員來說，是說起就會興奮之事，而這些卻成為"明日黃花"了。

"紙媒"的生存空間是不是從此便沒有了？不是，絕對不是，但主流取向是走上免費之途，很多廣告內容還是需要以文字說明來細加比較參詳的。廣告商要的是銷路，其他"好少理"。今時今日，如果免費報紙加強財經、馬經、"波經"，傳統發行的收費報紙則恐怕會被進一步吞食。

可話又得說回來，我們探討的是報紙形式的"紙媒"有沒有出路，而免費派發的"報紙"在製作上與原有報紙模式並無兩樣，差別只是發行手段而已。那麼，我們便還可以樂觀地說出："報紙在未來的日子只是改變了發行形式，它依然是報紙，依然有存活的空間。"

七十年前的《大光報》

"老朋友"何綏先生現已九十多歲了，知我正在撰寫《回望傳媒五十年》，他說："我有一份存報，可能比你年歲還大！"

"噯？我今年七十矣，這份報紙豈不是戰前出版？"

"差不多啦，我找來給你看！"

看到了，原來是廣州出版的《大光報》（見下頁），報頭上方寫上"中華民國三十四年九月十六日"（即一九四五年）。

出版一大張，是四大版，我急不可待地翻開來看，只有半版是副刊，其餘都是新聞與廣告，那年代製圖的銅版很簡陋，百分之九十都是文字，所以在編排上是密密麻麻的。

打開來看，我明白何老先生為何保存這份報紙，第三版便見到大字橫題寫上"廣州日軍今晨正式簽紙投降"（見 159 頁）。

直題：

受降官張發奎將軍昨蒞粵

主持光榮盛典

第一號命令著日軍解除武裝

兩大版新聞都是關乎日軍投降的，這在當年當然

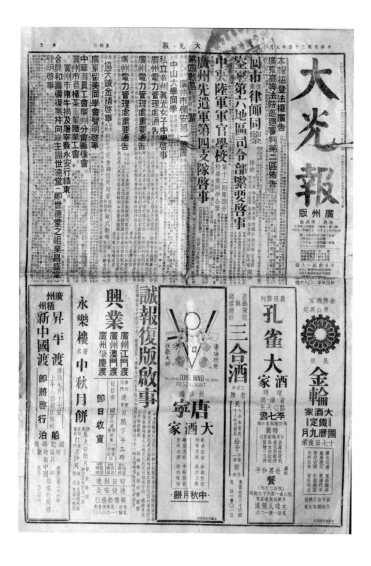

是特大事件，非擴大版面報導不可。版內還有另一新聞題目也讓我看了有點激動：

國史上最燦爛之一頁
台灣重入我版圖
張廷孟飛抵台北同胞熱烈歡迎

　　這天《大光報》第一版，表面上沒有一段新聞，都是一條條的廣告，但這些廣告其實都是新聞，它們是各行各業的復業啟事，抗戰勝利，連廣州中山大學同學也發出慶祝勝利聚餐啟事。傳媒行業更奮起了，《誠報》社長鍾超群刊登復版啟事："現值百粵重光基礎奠定用是召集戰地歸來之舊日同侶共策進行不日復版……"

第十章

從商務印書館到緣聚妙法寺

　　商務印書館（香港）有兩項"出版界大工程"，一項是《故宮博物院文物珍品全集》，另一項是《敦煌石窟全集》。說"大工程"，可一點也不含糊，這兩套畫集，前者六十冊，後者也有二十六冊，都是八年、十年地陸續出版。這是陳萬雄任商務總編輯時已幹起來的大動作。

　　我在《香港商報》擔任副總編輯時，已接受聯合出版集團總裁陳萬雄先生所託，擔任《敦煌石窟全集》的出版顧問，主要是研究如何宣傳推廣這一"巨冊"，這段期間我曾與陳萬雄、張倩儀等商務同事踏足敦煌。很感恩，他們是與研究院專家們商談出版，我則專注入洞看壁畫，一連三天看了近百個石窟，包括精彩紛呈的榆林窟，甚至是走上窟頂去了解風沙吹襲的"災情"。

　　後來從《商報》轉到商務時，便全力策劃《敦煌石窟全集》的宣傳推廣。這不僅是一套書的銷售，還是立體式的文化宣傳，希望有更多市民大眾對敦煌石窟的壁畫有所認識。能夠為這千年藝術瑰寶盡一分力，是多麼幸運呀！雖然明知道接下這"任務"後，行將到來的會是千斤重壓。

　　我花了整整一天的時間坐電車（這是我對重要問

題的思考方法），從北角電車總站出發，直到西環屈地街，坐在電車上層，不是看風景，而是打開"腦門"在思考如何有效地推廣敦煌文化。

個把鐘頭下來，沒有半點頭緒；下車後，在餐廳一邊啜咖啡，一邊苦思，慢慢地，見到"天邊一點曙光"；再坐回電車，一步一步地推敲起來。我的"敦煌全集文化推廣計劃"就是從這裡開始的（有關接下來的成立"香港敦煌佛跡防護功德林"，以及籌辦"敦煌慈善之夜"，放在本章"畫外音"為大家介紹吧）。

在商務的日子，我把大部分時間與精力放在文化推廣上。商務與北京故宮博物院合作，把故宮的藝術藏品系統地介紹出來，包括書、畫、宗教及珠寶玉石等，是一項真真正正的大製作。李祖澤先生是當年商務的董事長，陳萬雄先生是總編輯兼總經理，能夠取得北京故宮博物院的信任，這固然是商務這間百年老字號的文化背景在起作用，同時也得佩服這兩位主政人的遠大眼光與出版魄力。我在宣傳推廣上有所參與，實在用得上那一句"與有榮焉"。

陳萬雄是我小學的同班同學，可怎麼也想不到，小學畢業各奔前程後，輾轉又聚首一堂，而且還共同工作。六十年過去了，我仍能記得小時候兩個小子騎在牛背上在田間競跑的場景。

在商務的日子裡，我還參與了多項"社會活動"，在此刻一下子浮上眼前。二〇〇四年，范徐麗泰女士直選立法會議員，我做了她的助選，這是我第一次，也是唯一一次"這麼近"地參與選舉活動。還好，總算有點小小貢獻，向范太建議了一句口號："不偏不倚，為港為民"。她也用上這句口號作為競選宣傳。任何宣傳的口號與標語，固然不能無的放矢，而同樣重要的是恰如其分。范太當年便是給人一個不偏不倚的良好印象，這口號放在她身上是恰當的。

投入"助選"令我也做了兩樁"第一次"：第一次在人來人往的行人天橋上派傳單；第一次在開頂旅遊車上呼籲行人投票。原來，叫喊口號是會愈叫愈興奮的，也會愈叫愈大聲。投票日那天，與范太在香港仔派傳單時，她說："真口渴，買支汽水飲飲吧！"好呀，真的很口渴，於是在商店冰箱內拿了汽水。

范太說："你自己畀錢！"嘩，有冇搞錯，我為你助選力竭聲嘶、身水身汗，你連一支汽水也捨不得請我？

可回心一想：噢，厲害，果然厲害——不是有所規定，不得隨便動用助選經費嗎？此刻如果有記者拍攝到"候選人為拉票請人飲汽水"，可能又有"文章"可做。這一段小小的插曲，給我留下了深刻印象。

在退休前半年，我已答應妙法寺住持修智大和尚："待我在商務印書館退下來後，便轉到寺院來工作。"說起來，這也有一段因緣的。我與修智大和尚相識於上世紀八十年代，有天，我到屯門藍地妙法寺探訪他，他拿出一幅設計圖給我看：〝我準備建造一座新殿！〞嘩！這是寺院嗎？外貌新穎、前衛，像一顆亮晶晶的大鑽石。大和尚還與我在花園走動，把如何規劃都指給我看了。

〝好，〞我說：〝待你把這新殿建好後，我來上班。〞十多年後，妙法寺新殿落成，而我也正好行將退休。

然而，臨在退休前夕我卻遭遇〝飛來橫禍〞——我的左大腿因骨質欠佳而骨折。後來更發現骨質疏鬆，一年後要把髖骨也換掉。在骨折入院期間，修智大和尚還前來探望。

我於兩個星期後出院，究竟應該索性從此退休，還是繼續工作？而且此刻剛痊癒的腿部傷口還痛得要命，雖然持杖慢行，也得每行上二十來步便停下來歇一歇。如此，對於繼續工作真是心大心細。忽然想起：曾有朋友告訴我，屯門青松觀的扶乩很特別，一般是寫好問題紙交由乩手去〝請示神明〞，但這道觀的扶乩可不必〝問題紙〞，只要你跪在壇前誠心地想著問題便可。好奇心動，我支撐著拐杖，山長水遠地來到道觀。

問什麼呢？也只有我自己才知道，我問的是：〝我這樣的身體狀況，要不要前往妙法寺工作？〞

你道扶出來的乩文是什麼？第一句我迄今還清楚地記著：〝桂花盛時正合時。〞至於以下三行想不起來了，但大概意思是記得的，意思是〝要做便去做，不必多想"。

過了兩三天，我前往妙法寺。剛踏上二樓便聞到陣陣幽香，原來那裡有好幾棵桂花樹，此時是年近歲晚，正是桂花盛放的時候。

有這麼巧？

就是這麼巧！

此刻我便做出決定，農曆新年前撐著拐杖也要前來上班。與修智大和尚約好，我擔任文教發展總監，開展文教活動；由於要多與文化界朋友聯繫，因此每周來寺上班三天，其餘時間自行支配。

從無到有的籌策，令我格外興奮。我們辦了對聯比賽，還聯同香港十家攝影學會辦了一個以妙法寺面貌為核心的攝影比賽，參賽作品逾三千幅，可謂美不勝收。

妙法寺這座綜合大樓可塑性甚大。二樓，我們建立了一個藝廊，每年都有多項書畫展覽；七樓，"蓮花大殿"更是以環保見稱，與二樓的藝廊一樣，都是採用自然光的。大殿內，在大佛像的"佛座"上，我們還有一項可能是當今世上獨一無二的設計，正面由修智大和尚親自寫上《金剛經》，然後三面環抱上"五百羅漢圖"。這五百羅漢圖每幅八吋乘十吋，邀請了三百多位畫友共同創作。我是希望結合上香港人的心意而繪寫這五百幅羅漢圖的，從籌備到把作品裝嵌上去，用了整整三年。

能夠完成這一項又一項的活動，令我心情特別暢快，這八、九年來，連傷了的大腿也“若無其事”地行動如常。

三年前，有一陣子身心疲倦，行經上環的濟公聖佛廟（百姓廟），除了如常的入內上香禮敬外，也心血來潮地求籤，問問是不是應該在這時候真正的退下來，全心全意專注於書畫創作。

搖呀搖的，搖出了一支第六籤，再拿籤紙看看，嚇了一跳，你道第六籤是寫些什麼？

居然是“唐僧取經”。籤語曰：

涉水摳衣探淺深，入山須要顧叢林，平途得步須行樂，柳陌花街莫亂尋。

解曰：守舊如常，自然平安，憑河暴虎豈是良方。

一個籤桶有籤六十四支（或一百支），而直接以佛教內容作籤語者，並不多見，怎麼會這麼巧，偏偏讓我搖上，而且這籤語還好像有所指引。一句“入山須要顧叢林”，“叢林”者，大寺院之別稱也，不正是啟悟我要好好地為佛門做事嗎！

看罷這籤語，直覺得真是今生緣聚妙法寺，還有什麼退休不退休呢！

畫外音一
守護敦煌

　　香港商務印書館出版《敦煌石窟全集》，這是出版界的大工程。當年商務總編陳萬雄兄找我（我當年仍在《香港商報》任副總編輯），他問我：可否兼任顧問，一起到敦煌去看看有什麼可"幫手"的？

　　聽到"敦煌"兩字，這樣的機會真是令我求之不得，就此而與敦煌結上緣，往後亦與敦煌研究院樊錦詩院長有所交往。後來得到香港電台李再唐兄、無線電視何麗全兄，以及藝人劉德華先生的幫助，更有令我時刻想念的覺光長老和諸山大德，在他們協助下辦了一個名為"敦煌佛跡結善緣"之"敦煌之夜"籌款晚會，並且通過電視台的轉播，讓香港市民得以進一步認識敦煌——這與籌款同具意義，甚至更為迫切。

　　為何說"更迫切"？讓我先講一則笑話。

　　與朋友商討為敦煌籌款之事，有友人說："怎麼？敦煌酒家不是很有錢了嗎？為何還要籌款！"

　　說實在的，當年在香港能認識敦煌石窟壁畫的人，真是為數不多，但自從《敦煌石窟全集》陸續出版，並且辦上"敦煌佛跡結善緣"慈善晚會而又得以在電視上播出之後，香港市民才都知道了，可見宣傳推廣對文化的普及是何等重要。

為了更方便地了解石窟壁畫，我就住在敦煌莫高窟旁的招待所。黃昏，三危山下靜靜的，我獨自走上小山丘，一個個墳墓躺在那裡，斜陽裡，微風下，這靜靜的墓地顯得格外清冷，輕風拂過，更揚起一層薄薄的風沙。那場景，永遠忘不了！

我細看小小墓碑上的一些文字，除了姓名及生卒年份外，還會有一兩行寫上"原因"的，隱隱然，讓我聯想到一些"故事"，特別是受"文化大革命"衝擊的年代。

有些是年紀輕輕的，有些是年紀較大的，而他們都是研究院裡的人。過去的歲月，他們一步一艱辛地為保護壁畫而付上了青春，甚至是獻上了生命。活著的生命休止了，他們還躺在三危山下這座小山丘上，面向著石窟群，為世人守護著這千年瑰寶，日日夜夜地守護著。我不想拍攝墓地，倒是在旁邊一幅平坦地面上，看到一個用小石子砌成的大佛頭像，我把它拍下來了。

在敦煌深入研看壁畫的這三天兩夜，第一個黃昏，看了這些墓地後，晚上輾轉反側；第二天黃昏，我又獨自走上這小山丘，看著，想著，很靜，很靜……

如果你前往敦煌看莫高窟壁畫，我建議你：儘量爭取到榆林窟去。那裡的石窟雖然只有四十二個，但精品多，由於位於更偏僻的地方，破壞程度相對較少，壁畫多能較完整地保留下來。

當你看到第二十五窟南壁那幅作品時，一定會瞠目結舌："這樣的畫面結構如何處理呀？"單看畫中心那位兩手擊鼓的舞者，手指、腳趾的線條不但有力，而且還帶有舞蹈的節奏感，你可曾見過這樣動人的作品？而這畫作是出自距今近千年的西夏年代（根據敦煌研究院的考證，榆林窟的壁畫，多是在西夏末、元朝初期間完成）。

看榆林石窟群，除了第二十五窟南壁不能錯過之外，第三窟同樣重要。在西壁大畫左上邊，你會發現一幅可獨立欣賞的山水水墨畫（見右頁），構圖宏偉，氣勢磅礡。我在敦煌因工作所需而看了近百個石窟，都沒有發現像這樣一幅出色的山水畫，它甚具宋代水墨山水畫的風格。我有一個聯想：這作品會不會是出自中原畫家的手筆？即使不是，這個西夏的作畫者必然深受中原畫風影響。

且讓我在這裡介紹給大家看看，如果你平日看較多的中國山水畫，你看著這幅作品，便會很自然地聯想到歷代著名畫家——五代的荊浩、北宋的范寬，以及南宋的馬遠等大家的作品。

讓我多說一點"題外話"。第二次到榆林窟去，是連同潘宗光教授夫婦、洪小蓮女士等十餘位友人。從榆林窟出來，潘教授說："好彩有來，真精彩呀！"（由於從敦煌市區開車到榆林窟要用上三個多小時，我

曾徵求大家意見：要不要看？怕不怕路途長遠？）

　　說一樁迄今還令我"想不通"的巧合事：離開榆林窟，乘坐敦煌研究院的小旅遊車回去，大概需要十分鐘左右，當時我抬頭看天，赫然發覺有好幾朵白雲，彷彿是跟著車而行的。這幾朵白雲的形象，一絲絲、輕淡淡，全都像敦煌壁畫上的"飛天"，我還彷彿感受到"他們"的"微笑"，於是一邊拍攝一邊叫喚車上的朋友觀看，他們都嘖嘖稱奇。

　　整個天空都是藍藍的，是真真正正的萬里無雲，那麼，這幾朵白雲為何會突然顯現？十分鐘後，"他們"不再與車同行了，停下來了。車繼續行駛，我多番回頭，遠遠地看著這朵朵白雲，"他們"彷彿站在那裡目送我們離去。"他們"，可也是敦煌的"守護使者"？

　　十年過去了，我還清晰地記著這情景。

畫外音二
香港敦煌佛跡防護功德林

如果沒有親身到敦煌去，沒有走上敦煌石窟頂部看風沙侵襲，相信我不會在推廣敦煌藝術的同時，將其與防沙工程聯繫到一起。

在氣溫攝氏四十多度下，我走在看似一望無際的沙漠，在那熱氣蒸蒸而上的"沙海"上行走。莫高窟這裡真是風貌奇特，一邊是可供滑沙的鳴沙山，山下還有那永不乾涸的小小月牙泉。這邊是旅遊勝地，但另一邊呢？風吹沙動，一步一步慢慢地推移過來，日子有功，愈推愈高，連防沙網也給覆蓋了。這裡無法種植草木，造不了防沙林。

敦煌研究院院長樊錦詩介紹這沙塵暴時，也眉頭大皺，可見沙患之嚴重，防沙是迫近眉睫之事（我在敦煌也遇上沙塵暴，當時附近那攤檔小販說："如果起東風，你休想離開，三日三夜連飛機也飛不了！"結果果然是三日三夜，那麼準確，就好像風濕遇上天氣變化）。

千年前的繪畫藝術，在今天你還能看到多少？像敦煌石窟那樣大規模的更是令人瞠目結舌，真不愧是人間瑰寶。還有一項同樣重要的，是那些佛教內容，一幅幅精彩的"經變圖"（以圖畫藝術形態把佛經故事繪畫出來），要細說從頭的話，真不知從何說起，難怪商務印書館要出版二十六冊的全集。

能承擔這樣"巨構"的文化推廣，對我來說是幾生修到的榮幸。

上文我提到"坐在電車上構思宣傳方案"，是的，"香港敦煌佛跡防護功德林"就是從這裡想開來的，我第一時間邀請到兩位"龍頭大佬"——香港佛教聯合會會長覺光長老，他是我師父；另一位是國學大師饒宗頤先生，他更是敦煌學專家，我們時有聚會。

兩位"界別領袖"爽快地答允出任籌備委員會主席。這個委員會立即成立起來，它包含了文化界、宗教界、演藝界各路領袖人馬，我與陳萬雄則分別擔任秘書長。委員會成立後，立即開展了一連串慈善活動。

蒙好友李再唐兄協助，他是香港電台高層，連同第五台《戲曲天地》節目主持陳婉紅女士，籌辦了一個粵曲義唱晚會，紅伶與名媛合唱，配搭新鮮。我記得，在沙田大會堂演出的那個晚上，饒宗頤教授剛從澳洲返港，一落機便直趨沙田大會堂而來，連飯也沒有吃上便上台，與廣播處處長朱培慶兄一起"鳴鑼開騷"。

委員會有多位影視藝人參與，其中有大紅人兼大忙人劉德華先生。我們考慮籌款的壓軸戲，是在香港灣仔會議展覽中心辦一個"慈善之夜"，再唐大兄告訴

與香港電台合辦"戲曲天地敦煌慈善夜",邀得多位紅伶與名媛演出。圖中前排右一者是陳婉紅,中立者李再唐。兩位友人全力促成這次活動,筆者銘感於心。

劉德華先生接受邀請任籌備委員會委員,並擔任"敦煌慈善之夜"主持。

我：劉德華不但答允演出，還會擔任節目主持。

嘩，發達咯！

我忙不迭把這消息告訴無線綜合節目總監製何麗全。麗全兄"轉數"快，有劉德華"孭重飛"，可以瞓身大搞啦！我們還得到敦煌研究院的協助，讓無線外景隊到敦煌莫高窟拍攝外景。這是一個多麼難得的配合。

當晚的"敦煌慈善夜"筵開八十席，與此同時，我們還邀請了香港書畫界的朋友捐出作品，除了在當晚"會展"大堂展出外，將來還出售作籌款之用（後來由妙法寺住持修智大和尚以二十五萬元購下這些作品，並曾在妙法寺展出）。

節目開始，由王力宏打頭陣，聯同一眾藝人，以強勁的舞蹈、強烈的節拍，演唱出那首《龍的傳人》。當晚楊千嬅更是從十幾層樓高的高處，吊著"威也"斜斜地飛下舞台來，她扮演"敦煌飛天"。

劉德華從出道到所謂"名成利就"的今天，做人處世態度都沒有改變。這晚的演出，台下我們看到劉德華這位節目主持人是如此的氣定神閑，誰又想到他其實是在當天下午才從泰國趕回來的，一下飛機便直到現場，與一眾藝人綵排。

這次籌款非常感激香港佛教聯會會長覺光長老，佛聯會捐了四十萬港元，其他道場也十萬十萬的捐上善款；另一位令我畢生難忘的摯友，是李再唐大兄，他發動了一眾朋友，出錢出力。

　　一切的一切，都令我感動不已。通過這一連串的慈善活動，我充分地體會到：朋友的重要、群體合作的重要！你以為自己好有本事嗎？如果沒有別人的幫助，真是寸步難移，什麼事情都做不好！

　　在我的人生中，要感激、要感恩的友人太多了！

畫外音三
清風禪

　　我六十歲後便半退休地在妙法寺擔任文教發展總監，從此專注於禪學與書畫研究。

　　二〇一五年，應香港佛教聯合會之邀在《香港佛教》月刊撰寫專欄"清風禪"，每期千把字，附兩幅自己的畫作。這是一次非常愉悅的寫作經歷，很感恩！這裡特選出兩篇，以向各方賢士討教。

他心中的香格里拉

　　"世間安得兩全法，不負如來不負卿！"這是六世達賴喇嘛倉央嘉措的"情歌"。有關倉央嘉措的故事坊間寫得很多，當然，值得歌頌讚美的人物，再多也不為過，但出版有關書刊來來去去、反反覆覆訴說著同一故事，那就真的有點乏味。

　　倉央嘉措的確是一位傳奇人物。他十五歲時被確認為五世達賴喇嘛的轉世靈童，於是被"請"到布達拉宮去。

　　靈童轉世，不是在嬰孩時期確認的嗎，何以待到十五歲？

　　故事關乎爭鬥。一六八三年，五世達賴喇嘛去世，為避免引起西藏政局震盪，於是倉央嘉措應五世達賴的遺願隱瞞起來；十多年後，紙包不住火，朝廷（當年是康熙皇朝）震怒，下令立即尋找再世而來的達賴喇嘛，而其實喇嘛們早就在秘密尋找中。最後在西藏境外一個小村落裡，找到倉央嘉措，當時他已十五歲，不僅騎術、武術了得，且寫得一手好詩，是深得鄉民欣賞的少年郎。離開家鄉，住進華麗的布達拉宮，每天都在指導師的指引下誦經、學習，對一個少年來說，的確是很枯燥乏味，何況他又是一位內心熱情奔放的詩人？於是，他在晚間偷偷地喬裝外出，走到民間去，在酒吧裡與大家一起高歌歡舞，還愛上一位妙齡女郎。他的行徑被發現了，"對頭人"也找到了"出手"的藉口，於是他被押解上京。他是死在路途上的（究竟是病死還是被暗殺，迄今還是一個謎）。那年他才二十四歲。

我們嘆惜之餘，會自然地產生一個疑問：倉央嘉措真的是五世達賴喇嘛的轉世靈童嗎？如果是真的，他怎會鍾情於歌舞而不是專心一意去誦經學佛？

要這樣懷疑，也"無話可說"。不過，我們可以從另一個角度來理解一位在"紅塵俗世"已生活了十五年的人，即使開始是一張很純白的紙，也會染得"七彩"。那麼少年倉央嘉措的心底翻浪也是再自然不過之事，何況他又是一位熱情洋溢的詩人。如果讓他慢慢地適應"新生活"，也許還可以，但一下子要他

"連根拔起"的改變，只能夠說是"強扭的瓜"。

　　這是一齣歷史悲劇。可幸，悲劇的另一面卻讓我們看到一首又一首出色的情詩，這是他心中的香格里拉。

　　這些詩篇傳誦下來，在民間遍地開花。失落了某種榮耀，卻成就了一位詩人。但願世有兩全法，不負如來不負卿。

　　那一天
　　閉目在經殿香霧中
　　驀然聽見
　　你頌經的真言

　　那一月
　　我搖動所有的轉經筒
　　不為超渡
　　只為觸摸你的指尖

　　那一年
　　磕長頭匍匐在山路上
　　不為覲見
　　只為貼著你的溫暖

　　那一世，
　　我轉山轉水轉佛塔啊，

180

不為修來生，

只為途中與你相見！

——節錄自倉央嘉措〈那一天，那一月，那一年，那一世〉

虛空無盡藏

沒有形質，謂之虛；無障礙，謂之空。

舉頭望天，也許你會感覺到“虛空”，特別是在萬里無雲，或者在藍天白雲的日子。

倘若你問我：“什麼是最大、最廣闊？”我會說：“虛空！”虛空是無邊無際的，宇宙就是虛空，你能說出宇宙有多大嗎？我們常說什麼“心中小宇宙”，把心喻為宇宙，就因為我們的“心”也是無邊無際，捉不著、摸不到的，但有時候又好像感覺到它的存在。它支配一切，它改變一切；它成就一切，也可以敗壞一切……

虛空，不是空無所有，它是“有”的，而且包羅萬有。我們頭上這片天，它有時晴空萬里，清風徐來；有時烏雲密佈，甚至會落下傾盆大雨。而這一切的變幻，都在這虛空宇宙裡。因此，我們可以說上一句：“虛空無盡藏”。“無盡藏”這個“藏”字，既可解作豐盛壯大，也同時可以直指收藏，一切的變幻莫測

都藏在這虛空裡。你說它"有"嗎？它有什麼？烏雲會散掉；日間驕陽似火，晚上又清涼如水，一切都在"有"與"無"之間交替變幻。

東坡居士說："月有陰晴圓缺"，那是我們"著相"（佛教中指執著於外相、虛相或個體意識而偏離了本質）的看法，從這個方向看過去，或者從這個時段看過去，月，確有陰晴圓缺，但實際上呢？月的形狀沒有變，改變的，只是我們看到的所謂"客觀現象"，其實是"表象"。《金剛經》說："若見諸相非相，則見如來。"不妨說這就是"透過外相而看到本質"吧！

於是乎，對於蘇大學士這首詩的接下來一句"人有悲歡離合"，我們也作如是觀。人生裡的"悲、歡、離、合"，無非也是生活上的表象，不必太執著，"緣來不拒，緣去不悲"，一切隨緣（包括我們的人生得失）。

這是我嘗試寫"清風禪"的一個觀點。

非空非有　亦空亦有

對於如何寫好禪畫，我仍在摸索階段。

先在心中有了禪意，再在畫紙上經營禪境，這是一個"意在筆先"的次序。我們即使很為一句佛語動容，也得先好好地研習這句佛語，弄得清楚明白了，消化了，然後"入禪"。

最近我反覆思考那句"非空非有，亦空亦有"，

第十章

可不可以在禪畫上有所表達？於是畫下一幅"水月圖"
（見上頁）。

這幅畫會看到畫面上有"月"、有"水"，但我實際上並沒有畫月畫水，那不過是"烘雲托月"、"立山現水"。

你說它沒有月、沒有水嗎？但看上去是"有"呀！

你說它有月、有水嗎？可我沒有一筆在寫月、寫水。

禪，大抵就在這裡。

這也是我今天努力追求，在禪畫裡探索的"虛空無盡藏"。

歡聚一堂

二〇一六年，筆者與大女兒天娜合辦"父女中西畫聯展"，先後由妙法寺及饒宗頤文化館主辦。邀請的主禮嘉賓都是老朋友：妙法寺住持修智大和尚、立法會議員馬逢國兄、饒宗頤文化館名譽館長陳萬雄兄、香港各界文化促進會理事長李國強兄，以及為畫冊寫序的書法家劉修婉女士。

我辦書畫展，其中一個目的，是藉此與一眾友人歡聚一堂，因此邀請的主禮嘉賓也不例外，不要那麼嚴肅拘謹，嘻哈一堂更好。

感謝主禮嘉賓。

上圖：書寫 "慈悲喜捨" 贈修智大和尚；下圖：畫作贈送陳萬雄
博士。

感恩

在我一生中，有兩位恩師總是夢繞魂牽地常在腦海中浮現。一是嶺南畫派大師楊善深老師，他是我的書畫導師，我在《楊善深的藝術世界》一書裡有詳細述說。

另一位恩師，是我進入傳媒，從事文化工作的帶路人，他是《晶報》創辦人陳霞子先生。真真正正是大海航行靠舵手，沒有他的帶引，我等少不更事的小子，如何能在這茫茫大海裡向前行進？

因此，當我寫本書時，便決定把霞公寫進去，他不僅是香港報壇過去大半個世紀的見證人，且更是其中的拓墾者，很多人都希望多認識一下這位"一代報人"的傳奇一生。

以下這個"外篇"就在這一因緣下出現了。

外篇
一代報人
霞公傳奇

（1905-1979）

從 “蝦仔” 到 “霞子” * 李子誦

　　亡友陳霞子兄創辦的《晶報》，刊行將近三十五年。今春忽以停刊聞。禁不住惜《晶報》，懷霞子！

　　我認識霞子，是在 “九一八” 事變的前一年。其時，我在廣州《大中華報》當編輯主任。霞子初以 “鹽倉詩翁” 為筆名，投寄打油詩。副刊 “之乎者也” 主編李彥武兄與我都以霞子詩作老辣、諧趣，而擊節讚賞。因邀約 “詩翁” 晤談。誰料眼前此 “翁” 實非翁，而是穿著淺紅孖襟西裝的 “美少年”。我們一見如故，交談甚歡。由是訂交，且日後多次共事。

　　“九一八” 事變後，中國各地掀起抗日救亡運動。是年雙十節，廣州發生鎮壓愛國學生的慘案。《大中華報》印發號外，報導慘案真相，致橫遭封閉，我則被拘囚。出獄不久，我得老同盟會員李思轅先生扶掖，創辦《民生報》，邀霞子為副刊編輯。

　　霞子本名銓昌，幼年喪父，其生母捨子改嫁，他由賴大娘撫養成人。他僅讀私塾三年，當過報館 “後生”，當過皮鞋匠。他自學成材，能為小學教師代課。他用 “蝦仔” 筆名寫雜文，於是大家叫他 “阿蝦”。

---

* 　節錄自《當代月刊》一九九一年四月十五日〈六十年國運與報運〉一文。

有一天，子誦、銓昌、彥武、鍾平相聚閑聊。我問銓昌："你為什麼由'翁'變'仔'，以'蝦仔'為筆名？"銓昌說："我表弟乳名蝦仔。我著他送稿給報館，因署名蝦仔。"我們說："太史江孔殷，乳名也叫蝦仔。人稱為蝦公，因自號霞公。你何不易名'霞子'？"他連聲說好，"霞子比蝦仔文雅得多"。

　　霞子為香港《超然報》(《華字日報》附屬報紙)撰寫專欄"民間疾苦"，諷責廣東徵"糞溺捐"，有"自古未聞糞有稅、而今只許屁無捐"警句，頓時激起反對呼聲，苛稅因而取消。自此，霞子文名大噪。廣州《七十二行商報》社長羅嘯璈讀其文，愛其才，聘為總編輯，又以幼女佩蓮許配(嘯璈先生是我先父的學生，又是我的老師)。早兩年，廣州《羽公報》社長鄧羽公，也因賞識何文法(香港《成報》創辦人)，而以女兒許配，成為報壇佳話。

　　早年，霞子每自笑只識編"副張"(指副刊版)、寫小品，不識編"正張"(指新聞版)、寫大品(指寫評論)，是新聞記"也"，不是新聞記者。但他主編《七十二行商報》後，即已學成報業多面手，編"正張"、"副張"，寫大品、小品，件件皆能，樣樣皆精。

　　戰後，霞子在《成報》任編輯多年，既編電訊，又寫社論，兼寫小品、小說。所撰《新濟公傳》，普受讀者激賞，又成為小說名家。《成報》之成為暢銷報，霞子有大功焉。我與鍾平，奉命勸說霞子辭退《成報》職務，出而主辦《晶報》。他不止寫《社論》遠勝從前，而且搞推廣有一手。當《晶報》創刊時，各報已售一毫，《晶報》獨售半毫。"賣大包"幾個月，銷數猛增。

《晶報》於一九五六年創刊。那時是各報統一售價的，每份一毫。《晶報》出奇招，打個五折，每份售價五仙。
此招果然奏效，一下子便打入市場。半年後才跟大隊，售價一毫。

父子緣薄卻情深　陳建生

老父離我倏忽數十載，今年我亦踏入古稀之年，回眸虛度七十春秋，愧甚。更憶起與老父共同生活的日子，何其唏噓！多年前我曾算過命，師傅說我父子緣薄，與令尊共同生活難逾二十年。今憶起此語，信焉！

一九四九年，我年方八歲，即被遣送回廣州，迎接解放（解放軍在十月十四日入城），從此離開父親，在廣州完成小學、中學階段；在武漢讀完四年大學，一九六四年大學畢業始返港。我是在香港出生的，憑著"出世紙"很順利取得香港永久居民身份證，從此堂而皇之地和父親一起生活。從一九四九至一九六四年，我整整十五年沒有同父親一起生活。回歸出生地後（一九六四年）到一九七九年父親去世，共同生活整整十五年。如斯十五載，被師傅批中：難逾二十年。"父子緣薄"，我深信不疑矣！奈何！

何止"十五"此數字巧合。我離開父親時是八歲；我父親去世，永遠離開他的小孫子（我的薀仔），這小孫子剛好也是八歲。

雖然我們父子緣薄，但並不表示情疏。老父對我，在工作上諄諄教導；在人生道理上循循善誘；在生活上無微不至的關懷，盡顯父愛，如今仍銘記心中。例如他曾告誡我，有三類文章切不可寫：第一類是賣國文章，因為這是漢奸所為，必遭世人唾罵；第二類是色情文章，這反映出人格下流，令人鄙視，所以不宜寫；第三類是宣揚迷信的文章，因為這是害人的，不足取。父此教誨，教我終生受用，獲益良多。

父親的慈愛，很快就延續到孫兒身上。我的兒女小時候，每晚爺爺總要看看他們是否熟睡，或給他們蓋蓋被子，慈愛盡顯，令我這個做父親的，倍感汗顏。

一九七〇年年初，父親捨身救我一命，事後那天半夜時分，我們促膝談心，我說了許多感激的肺腑之言，但他竟淡然而說："不必謝了，我既然給你生命，就有責任好好保住你的生命。" 我聽後久不能語，因

"霞公"（右）與兒子陳建生（左）難得合照。

為已熱淚盈眶：這怎能輕輕說一句"責任"呢？是慈愛，是無私無邊的父愛啊！

母親後來也鄭重地叮囑我，要我永遠記住父親這如山重的恩情。

"簷前看滴水，點滴不差移"。父母的深恩，為兒的我體會尤深；"誰言寸草心，報得三春暉"。我更難做到。每每想起，倍覺無地自容。

如今，父親已去了遙遠的天堂，他可安好？令人十分懸念。我惟盼能在夢中相見。

此刻，我彷彿見到他和他的幾個老朋友在家中打麻將，像往常那樣。你看，陳（展謨）經理不是在高談闊論嗎？潘（豪）副經理照例在旁插嘴附和，父親卻一聲不響地埋首砌他的立方塊，興致勃勃的。驀地，"叮叮"！父親用麻將牌敲打麻將枱燈，在場者無不嘩然。母親聞聲即興沖沖地從廚房跑出廳來，邊走邊喊叫著："睇過！睇過！"她是擔心老伴擺烏龍食詐胡！

然而好景不常，不久，父親又大叫："添飯！添飯！"（意思是他已輸光，要母親從速來添加賭本。）母親總是含笑而說："又冇晒咯，又冇晒咯。"惹來一陣歡笑聲。

就這樣，母親總在一旁斟茶遞水、在廚房弄點心，任勞任怨、卻又興高采烈地忙個不亦樂乎。父母的鶼鰈情深，為我們樹立了好榜樣。

勞碌了一生的父親，是到了該休息的時候了。在天堂和他的老朋友耍樂，不愁寂寞，兼又無牽無掛的，這正是令當兒子者欣慰的。

　　　　　　　　　　　　　　　　二〇一一年三月

陳霞子的"罵" *

　　因《晶報》暫時停止出版，有感而發，寫了一篇懷念已故社長陳霞子先生的文章。我曾經受惠於霞公，他當年為我們幾個後生小輩改稿，這點難能可貴的老報人品格，我一直放在心裡。把這點心事寫出來，有人卻以"作大"嘲弄。作什麼大呢？原來某人認為，霞公當年替你改稿是你生安白造，叼光叼光罷了。

　　真不明白那類人的心態是怎樣的，聽了之後也為之氣上一陣子。後來跟一位報館前輩說起此事，他微笑曰："陳霞子當年最喜歡為後生仔改稿，這是他的個性。"

　　也許陳社長的出身也是從低微之處而來。他做過補鞋學徒，在報紙從校對做起，但寫得一手好文章，正論、怪論、小說，是多面手，是真真正正的"鬼才"。

　　有一位行家說得沒錯，霞公是喜歡罵人的，沒有被他罵過的人，簡直是朽木不可雕。對了，當年我們幾位在《晶報》成長的小子，好些時是笑著說："剛才

***

* 　為選輯〈一代報人霞公傳奇〉與建生兄聚頭傾談。他把一本剪報交與我，其中有輯錄當年我在報章寫有關霞公事跡之文稿，這裡且轉載兩則，也好說明陳霞子先生當年誨人不倦的精神。

被社長鬧餐懵！"被罵，還好"得戚"咁款，大抵就是那句"沒給霞公罵過便是朽木"作祟吧！

　　無論怎樣，陳社長樂於扶掖晚輩卻是事實——至少一九六四年之前是如此。那天，遇上了霞公的長子——陳建生兄，跟他談了一陣子，《晶報》停版，他說："我心裡很難過，結束後我到內地旅行了個把月，見見一些舊同學。"我順道把那樁什麼"作大"的是非告之，陳兄一再安慰：那些小人閑言，放在心裡幹嗎？臨別之時，他也再強調一句："不要放在心上。"

讀者知我心

　　由本報（編按《文匯報》）副刊課轉來的一封讀者來函，看後甚感安慰。讀者署名"江天月"，原來他看了我四月二十九日的專欄"長話短說"中〈"作"什麼大〉一文，作了一些回應，他似乎在撫慰我，來函有這樣的話：

　　憶六十年代早期，舍妹在"中業"夜校上學，與陳思國、吳在城二君是該校同學，因而常往來，連帶在下與陳吳兩位有過多次敘談的機會。有關陳先生（指《晶報》已故社長陳霞子先生）當年為你們幾位年輕人修改文稿，我親耳所聞，確非虛言！

　　這是為我做"證人"了。很多謝這位讀者。這位江先生大抵怕我因為一些人的閑言閑語而傷透了心，於是在函件裡安慰我：

　　為文憶念先賢懿範，正是受惠不忘的良好心意。別人的議論，好歹由他便了。近年有句格言很常見，就是"豈能盡如人意，但求無愧於心"，這個案頭小擺設，年前有朋友送給我一件，至今與它朝夕相對。

很多謝這位讀者的鼓勵。至於我過去寫的 "緣語" 那些蕪文，"字數少而意義佳，精品也"！精品兩字，該是那些格言本身，而不是我的文字。這些蕪文我已輯之成書，書名《緣語啟示錄》，請江天月先生賜下地址，讓在下把拙作奉上。

做開荒牛的日子

　　《晶報》甲子華誕在即，我們想出版一本紀念冊。半個世紀過去了，要細說從頭，心頭翻浪，於是聯同幾位"晶報後來人"聯袂拜訪"第一代"老同事——歐陽成潮先生（下圖前排中坐者）。出席者有陳霞子社長的長公子建生（前排右一），他也是我們的同事；此外還有（後排右起）關耀深、吳在城、盧少明、朱湛剛，以及在下陳志城（即陳青楓，前排左一）。

　　歐陽成潮先生，我們習慣簡稱"歐潮"，今年九十歲了。能與一眾晶報人聚首，歐陽先生大樂，從他興奮地談及往事，便可以感受到那份喜悅。

　　他說："《晶報》在一九五六年創刊，我是在創

刊一兩年後才正式全職加盟。不過，籌組時我已經參與；社長王以達先生是在柬埔寨開金舖的，我的家族是做米業的，大家有交往。"

　　歐陽先生憶述六十年前往事，雙眼泛光彩："那時候，我們都是年輕人，很有一番愛國熱情的，但如果辦一份報紙，可不是一樁簡單事。我記得當年的創辦是很艱苦的，我們在灣仔修頓球場附近租了一個小單位，擺上三幾張寫字枱便開檔了，還在天台搭起木屋，供大家下班後休息。當年所有報紙定價一毫，我們的總編輯陳霞子先生建議《晶報》售價五仙。嘩，連當年發行代理也大聲責罵：'發什麼神經呀！人家賣一毫，你賣斗零？睇你幾時收檔啦！'"

　　即使歐陽先生不說下去，我們在座各人都會會心微笑，霞公是出了名的"鬼才"，人家賣一毫，我賣"斗零"，你都會好奇地買來睇睇，一睇之下，"咦，有料到噃"！咁就上位啦！

　　"斗零"一份也不會維持太長時間，不久便轉售一毫，不但沒有跌紙，反而節節上升，該時報社地址也搬到了中環威靈頓街去。歐陽先生說："無論是搬到威靈頓街，還是後來搬回灣仔，霞老每日都是僅露三點。"

　　露三點？

　　在座幾位"第二代"《晶報》人，聽了也哈哈大笑，可耀深、少明、湛剛三位大兄卻有點"摸不著頭腦"。

何謂"露三點"？原來陳社長全情投入工作，中午起床後，與幾位報社高層固定在一酒家午膳，然後回報社工作，一直幹到深夜才回家。可以說幾乎天天如是——家、酒樓、報社，每天就是往來這三個地點。

歐陽先生說："我經常陪社長午膳，其實所謂午膳，也就是工作午餐，檢討新聞得失，商談發展路向，天天如此。霞老不但全心投入工作，報社在草創階段經濟困難，他也把一些積蓄貼上；他在《成報》出來之時，是有一些積蓄的，但為了辦《晶報》，全都貼上了。"

坐在他身旁的建生兄，陷入深思，大抵他在回想當年父母親及兄弟姊妹們的艱辛歲月。

香港著名作家，也是我們的副刊編輯主任林嘉鴻先生，寫了一篇隨筆，憶述"做開荒牛的日子"，情景交融，歷歷在目：

當年在灣仔軒尼詩道泰雲酒店召開最後一次籌備會議時，陳社長以半認真半講笑的語氣說："難，當然。易，我也不會幹，我是天生的開荒牛。諸位投我信任一票的，請留下來，投我不信任票的，現在退出還不遲。"沒有人退出。座上各人不勝感動，一致表示願意與"開荒牛"共同進退……

這不就是《晶報》精神了嗎？寫到這裡，已經淚盈於眶，我們要把《晶報》精神延續下去——

浮沉視作海暢泳

風騷自有晶報人

　　　　　　寫於二〇一六年三月三十日

霞公的字跡

"報壇奇才"陳霞子,當年在廣東《七十二行商報》擔任總編輯,該報社長羅嘯璈先生惜才、憐才、愛才,於是"以身相許"——且慢,是以自己的女兒嫁與這位才子也!

羅佩蓮,是羅嘯璈的幼女,這位"太子女"全無"千金小姐"的"嬌氣",樸實無華,是典型的賢妻良母,她也是後來《晶報》的出納,待同事無所謂"架子",我們口中的這位羅姑娘,"比同事更同事"。

與建生兄談起他的家事。他說:"我母親呀,不但是典型的中國傳統婦女,她更是我父親的助手,我父的字,寫得潦草,很難辨認的,他當年又為報紙寫很多小說,怎麼辦?這些小說全由我母親重抄一遍後才交予報社排版。"

"噯?重抄一遍?你父親辦《晶報》前是出了名的多產作家,日寫萬字,重抄一遍,真是大工程呀!"

霞公創辦《晶報》後,無暇再寫小說了,每天集中精神寫社論,他的字,讓我們這些後輩慢慢去揣摩、認識,看慣了,也不太難認,重要的是他有固定的字型。

這裡且刊登一則非常難得的"陳霞子字跡",是他交給新華社的個人簡歷。這樣一份"親書簡歷",又

"點只字跡咁簡單"。且由陳建生親自為其父辨認字跡而寫下來：

　　（我）廣東南海人，世居廣州，十四歲時在《大同報》當工友。一年，《大同報》停版，在東奐鞋廠當學徒，後為鞋工三年。二十一歲，當郭塘田心小學教師一年。因投稿廣州各報副刊，復入報界。歷任《民生報》、《群聲報》、《誠報》、《七十二行商報》、《越華報》編輯，兼任香港《超然報》、《大光報》特約記者及撰述。抗戰時，任香港《南強（日）報》、《南中報》編輯。香港淪陷，在澳門任《大眾報》、《體育報》、《市民日報》編輯。光復後回廣州，辦《七十二行商報》。一九四七年到香港，任《成報》編輯，一九五六年任《晶報》總編輯，現任《晶報》社長。

"霞公"的賢內助羅佩蓮女士。

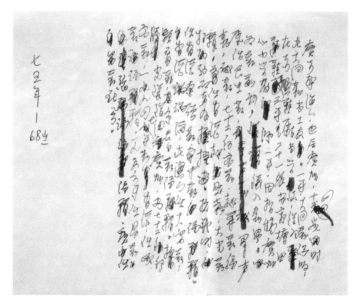

"霞公"的字跡十分潦草、難辨認。

與李宗仁的會面

一九六五年十月，李宗仁先生自瑞士返回中國內地定居。他是中華民國第一任副總統，一九四九年擔任"代總統"，然後定居美國，從沒有在中國台灣居停。

李宗仁於一八九一年出生於桂林，一九六九年一月三十日在北京逝世。

李宗仁回中國定居的消息是當時的國際新聞。他在北京舉行了一個中外記者會，《晶報》總編輯陳霞子先生，被指定"務請出席"。原來，李宗仁是霞公社論的忠誠讀者。根據金堯如先生的回憶文字（見於《經濟日報》專欄"管見集"，題為〈聞《晶報》停刊話滄桑〉），有這樣的報導：

在酒會上，當介紹到陳霞老與李宗仁先生相見時，李宗仁先生緊握陳霞老之手，以略帶顫動的聲調說："啊啊，你就是陳霞老先生！啊啊，你的社論我天天必讀，程思遠給我寄來的，寫得好，寫得太好了。陳社長，我老實告訴你，我之回國，你的社論也起了影響！謝謝你，謝謝你！"其實我站在陳霞老旁邊，李宗仁這幾句話迄今想起來，似乎尚在耳際。

在酒會上，李宗仁（左）與陳霞子（右）親切交談，是真正的握手言歡。圖中中間人為程思遠。

心聲……

　　"四人幫" 橫行無忌的那些日子，作為香港老報人的陳霞子，沉默——大氣候如此，你能怎樣？一如遇上嚴寒，你只能多穿幾件衣服，或者沉默是金地留在家裡。

　　"四人幫" 給摧毀了，大地微微回暖。華國鋒上台，這位 "攝政領袖" 儘管是形勢造就的，但他在當時卻起了重大作用，人民感激他（他往後的無言歸隱，更起著典範作用）！一九七八年，香港新聞、電影等文化界人士，應邀前往北京國慶觀禮，華國鋒接見了這批 "港澳同胞代表團"。

　　請你細看右頁照片，這些都是 "頭面人物"，筆者相識的有電影界盧敦、傅奇、劉芳、廖一原、江漢、羅君雄、朱楓等，報界則看到陳霞子（前排右二）、馬廷棟及趙澤隆等。

　　特別讓我留下深刻印象的，是陳霞子先生那深情的感情流露，他是那麼真摯地看著華國鋒先生（左一）。我與建生兄談到這幅照片時，他透露："我父親鬱結多年的心情，在粉碎四人幫後有所舒緩了！所以他看到華國鋒時，也流露出欣賞、欣慰、感激之情。"

"報二代"

霞公與"羅姑娘"共育有五位子女、依次為：大女兒"戰生"（抗戰時期出生），次女"勝生"（喻抗戰必勝），大子"建生"（喻建國必成），次子"成生"（喻成功），孻仔"憲生"（憲，指憲法）。為子女安名，也從國家民族情懷出發，多麼有意思！

這些年，我們經常聽到一些詞語，什麼"官二代"、"富二代"的，很少聽到"報二代"。大抵，"報二代"者，到底是"文化人"，自有文化人的低調。事實上，就我接觸到的"報二代"，十之七八都是較為踏實地"做事"、"做人"。報紙，到底是講求專業，特別是在"文人辦報"的年代，你沒有專業知識，如何真正地"與同事走在一起"？靠"吹"、靠"背景"的，大家心裡有數啦！

報人有報人的風骨，培養下一代，很多時候都是要他們從基層做起。不過，像陳霞子先生這樣"徹底地基層"則還是少見。建生在內地大學畢業後，返回香港，開始入報社工作了，但不是做"太子"，更不是什麼"坐定粒六"等做接班人。霞公是先把這個"太子陳"放入《文匯報》排字部做"執字工人"；過了一段時日調回《晶報》，但也不是入編輯部，而是先在機房做印報工人。熟習了這些基層中的基層之後，才正式在編輯部做事。先做見習編輯，一九六七年"五月風暴"來了，《晶報》記者吳在城被投獄，霞公問兒子建生："你怕不怕死？"建生曰："不怕！""好，你轉去採訪課做記者！"就這樣，陳建生也當起新聞記者來了。"風暴"過後，他才正式擔任編輯。

"報二代"就是這樣成長的。

往後我在《新晚報》、《香港商報》任職，也接觸過好幾位"報二代"，他們雖然不是在"基層中的基層"裡磨練過來，但在編輯部裡都是默默地工作，可沒有那種什麼"官二代"的氣焰。

真正的報人，是專業人士，是文化人，不是"吹"出來的，也不是"捧"出來的！

外篇

兩張不同的《晶報》

在一九五六年《晶報》出版之前，香港原來已有另一張《晶報》，那是上世紀三十年代末之事。當時就有兩張小報：《晶報》和《先導》，都是任護花先生出版的。當時香港有不少用"三及第"文字寫的八開報紙，稱為"小報"，其中表表者有上述的《晶報》、《先導》，還有《探海燈》、《羅賓漢》等。

陳霞子先生原本服務於廣東《七十二行商報》，後來來港加盟任護花先生辦的《晶報》。《晶報》是名副其實的三日刊，故有人戲稱為《三日報》，與《先導》同時出版，當時人們稱為"單先雙晶"，即逢星期一、三、五，單日買《先報》；逢星期二、四、六，雙日買《晶報》，逢星期日休息不出版。陳霞子先生和香港三十年代報壇另一位前輩任護花先生是拍檔，後來《晶》、《先》分家，陳霞子進入《成報》，任護花則把《先導》改為《紅綠日報》，每日出版。

一九五六年創刊的《晶報》，是泰東華僑王以達先生買了李化辦的《明星日報》改的。李化先生最初從事電影，是著名導演，後來出版娛樂報《明星日報》，此報可說是香港最早期的娛樂報之一，後來因銷路不佳轉售給王以達先生，王先生便將之改為《晶報》。

戰前的《晶報》

　　這份《晶報》，是一九三九年七月四日發刊的，是第二期。當時《晶報》是“三日報”，即是一星期出版三天。

　　從這份“小報”可以看到七十多年前香港報業的一些狀況。

　　很有趣！報頭上大大地寫上“金牙二編”，猶如書籍出版，在封面顯著地寫上作者姓名。“金牙二”者誰？任護花先生是也！報頭下還特地標示出該報的基

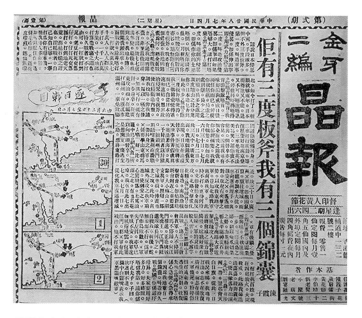

報頭上寫上“金牙二編”四隻大字，即任護花編此報；報頭下則寫有基本作者名字，排第一位的是任護花，第二位便是陳霞子。

本作者（圖右下角），排第一的是任護花，第二位便是
陳霞子。

　　你看，這第一版新聞標題："佢有三度板斧我有三
個錦囊。"署名陳霞子。我細看內容，發現最少有兩
個特色，一是以"三及第"文體寫作，即是語體文、
方言及古文；二是夾敍夾議，是帶評論性質的。這篇
文字寫的便是日本侵華，還附帶繪圖。

　　雖然在表達形式與寫作風格上嬉笑怒罵，實際上
所議話題非常嚴肅，非常的"國家民族"。

　　陳霞子先生後來創辦的日報《晶報》，人們最喜
歡閱讀的，就是社論。這是陳老總親自執筆，他的寫
作方法，隱隱然便讓我們看到早期"三日刊"《晶報》
的寫作作風：既是社論，則以嚴肅、嚴謹為主，但字
裡行間不脫跳躍，間以方言入文，真可謂神來之筆。
我們這些"學師仔"，真是亦步亦趨，我往後幾十年
的寫作風格，其實也很"三及第"，在《大公報》寫
了三幾年的那個每日完"超短篇小說"專欄，很多時
也是以"三及第"文體出之，尤其是寫對白，用口語
化方言表達，"零舍醒神"者也！這都是受了霞公的
影響。

百年前的報紙

有 "報壇鬼才" 之稱的陳霞子，年輕時被當年的老報人——廣東《七十二行商報》主編羅嘯璈先生 "相中"，招為 "東床快婿"。

說起來，廣東《七十二行商報》這份報紙，在廣東報業史上也有光輝一頁。它是戰前廣東報紙裡出版時間最長的一份，逾三十年，以報導經濟行情為主。

我到霞公二女兒勝生家裡做客。勝生大姐拿出她珍藏的一份報紙給我看。（見下頁）

嘩，嘩，嘩！

看得我 "嘩嘩" 連聲，原來她拿出的是她外公當年主編的廣東《七十二行商報》，我細看日期，寫有 "民國六年七月十八日"。屈指算來，迄今逾百年。那就是說：我手上拿著的這份早已發黃的報紙，是一百年前的真版呀！

廣東《七十二行商報》其實不是在一九三八年結束的，只是日本侵華，該報停刊，到一九四五年和平了，它也跟著復刊，而復刊後則由陳霞子先生擔任總編輯，到一九四七年才正式停刊的。

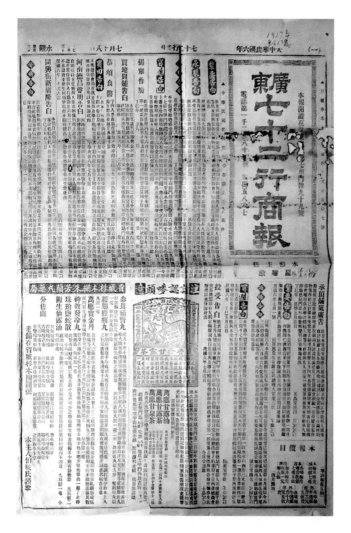

逾一百年前創刊的報紙"廣東七十二行商報"，仍清晰可見報頭
下寫著"本報主任"是羅嘯璈先生。

增
訂

看香港左派報紙的發展

當我們說到"香港左派報紙"，必然會想到《文匯報》、《大公報》、《新晚報》、《香港商報》、《晶報》，還有《正午報》，行內人也習慣地簡稱為"文、大、新、商、晶、正"。

"左報"兩字，已然明確鮮明，立場如何、取向如何人們都已清楚。一九四九年之前，香港的報業早已經是熱熱鬧鬧，此起彼落，"大珠小珠落玉盤"地層出不窮。它當然與整個中華大地的時勢局勢息息相關，特別是軍閥混戰的年代、國共相爭的年代，報紙是重要的宣傳工具。但那時候，國共的宣傳戰還沒有到短兵相接的地步，那時候"左派"也未成"派"，只是被習慣地稱為"左翼"吧！在國民黨的內部作"地下活動"，被視為"左翼分子"。

從"民營"到"黨報"

那時候，雖有不少民營報紙，但在這形禁勢格之下，能"獨善其身"嗎？除非你是不起眼、無關重要的"小報"（或者稱為"弱報"），倘若你是具社會影響力的"大報"，必然受到當政者的"青睞"。當年《大公報》便是被蔣介石"青睞"的一份民間大報，"主筆"

《大公報》香港版於一九三八年八月十三日創刊，依然以工商界及知識分子為讀者對象，是典型的文人辦報。創辦期的骨幹分子，差不多全是從內地原有的《大公報》調派過來的。

增訂

張季鸞可以不用通傳而直接找蔣談話，其受蔣之重視可想而知。

　　《大公報》是一九〇二年創刊於天津的，無論是張季鸞還是後來王芸生擔任總編輯的年代，《大公報》都與當年國民黨的中央政府過從甚密，也難怪有人說："《大公報》是什麼不黨不群？它對國民黨其實是小罵大幫忙！"

　　你也可以用"人在江湖，身不由己"這話語去解說的。

　　國共之爭進入後期階段，此消彼長，勝負分明。

《大公報》總編輯王芸生也知進退，此刻他作了深刻的反省——覺今是而昨非。當然，原先在《大公報》的"地下人員"也做了不少工作。

《大公報》香港版是一九三八年八月十三日創刊的，主政者是張季鸞、胡政之、金誠夫以及徐鑄成。一九四一年三月十五日，《大公報》桂林版也出版了。香港淪陷，香港《大公報》停刊，好些員工便撤到桂林去了。直到一九四八年三月十五日，香港《大公報》復刊。滬、津、渝、港四版同時發行，總發刊量每日二十萬份，這時候是由胡政之主持、費彝民任督印人。

說了以上一段話，是想說明一下，香港"左報"的"龍頭大佬"——《大公報》不是一開始便建立了左派形象的大報。但即使在混亂的政局下生存，它也有與眾不同之處，在上海這一洋場十里之地，它既面對工商界，也同時面對知識分子。這一獨特性，在中華人民共和國成立之後仍然貫徹著。五十年代這一段公私合營的過渡性日子固然如此，在香港出版發行的《大公報》也一直是堅持著面向工商界、面向知識分子的宗旨，特別是對高級知識分子、"文化人"尤為重視。我曾經與馬國權教授的兒子馬達為談過："你父親是怎樣進入《大公報》的？"

達為兄告訴我："我父親是一九七九年從廣州中山大學調過來的，他當年是中大教授，《大公報》總編輯陳凡即將退休，陳先生學識豐富，他編的‘藝林’版很受歡迎，但退休後由誰接手？他知道我父親在這方面有一定修養，而且人脈廣，於是由香港新華社社長祁烽介紹，通過廣東省副省長楊康華做說客，把我父親從中山大學調來《大公報》，擔任‘藝林’版編輯。”

你看，《大公報》就是這樣重視與尊重傳統文化人。“藝林”版是周刊，馬國權向全國作家、書畫家、歷史學家約稿，以他的人脈關係，不愁佳作，後來“藝林”的內容還結集成書，出版了十大冊。今天，我們很難再看到這樣的副刊，也很難在報界遇上這樣的編輯人才。實在令人懷念。

看“香港左派報紙發展”，其實也正好切合我這本書的書名《香港傳媒五十年》。一九四九年新中國成立，到一九九七年香港回歸，不正好是將近五十年的光景嗎？

報紙是大眾傳媒，不必諱言：報紙就是宣傳工具，無論是什麼背景、什麼性質的宣傳。

香港左派報紙的宣傳分工是做得細緻的，它們不會起內訌，各司其職，充分明白所面向的是什麼階層。當然，既然是“左派”，也必然有共同的針對對手。香港是地球上最“奇特”的一塊地方，在上世紀，它既是英國殖民地，但又有自己根深蒂固的傳統，各式各樣的文化衝擊與生活衝擊，每時每刻都在搬演，"左派"、"右派"互相牽扯更是不在話下了！某些人更本著"漁人得利"的心態，甚至以此作為統治策略（好了，不去扯遠，讓我們說回香港左派報紙的分工）。

《大公報》與《文匯報》雖同屬"左報龍頭"，但爭取的對象各有分工。《大公報》是商家與知識分子；《文匯報》則面向工人，以左派核心群眾為對象。"文匯"對工會信息、工人生活的動態報道尤為重視，當然也包括農民、漁民以及學生，但無論哪個方面，"文匯"都是比較"圈內"的，好像中國台灣的叫什麼"深綠"、"深藍"吧？這也不妨稱為"深左"。

香港《文匯報》，可以說是上海《文匯報》的變身。一九四七年五月，"上海文匯"被當時的國民黨政府下令停刊。正好那時候國民黨內的左翼人士李濟深希望在香港建立一份"機關報"，於是，與原上海"文匯"的主政徐鑄成一拍即合，香港《文匯報》迅即於一九四八年九月九日創刊。

香港《文匯報》創辦初期，除董事長是李濟深外，其他的主要人員基本上都是原上海"文匯"的班底，主筆是徐鑄成，總編輯唐納（馬季良），他原是上海"文匯"總編，副總編則是作家柯靈，其他版面的主要負責人，我們看看那些姓名便可聯想到"人才濟濟"這一形容詞了——他們是郭沫若、茅盾、經濟學家千家駒、歷史學家翦伯贊等，——這張名單在當時的報

香港的《文匯報》於一九四八年九月九日創刊，基本上是原上海的《文匯報》的原班人馬，面對社會大眾，副刊則多取納南來作家的稿件，水準高，但有點“離地”（欠缺本土生活實況）。

壇而言，非常的“夠照”。

經過“六七動亂”後，到了七十年代，《文匯報》也從傳統中尋求突破，向“高級學府”的知識分子招手。當年，“香港大學”的學生被稱為港英政府的“天子門生”，《文匯報》在這裡“埋手”。麥華章、程翔、齊禧慶、陳南以及劉敏儀等，是這時期走進“文匯”來的，當然他們在“港大”的學生時代已經是“關懷祖國”的活躍分子。陳南一直堅持在左派報紙工作，在“文匯”曾擔任副總編輯，後調到《香港商報》任總經理、執行總編輯；麥華章離開“文匯”後，創辦《香港經濟日報》，很成功；程翔則比較“曲折”，他在"文匯"擔任過駐北京辦事處主任及副總編輯，後來思想有所變化，情形有點像出版界的李怡。

在七十年代，左派向社會"開放"，招攬人才，我們除了在報界可看到，其實與此同時在出版界也是這樣，在其他範疇，如工商界、學界也是這樣，是左派陣營全面性的策略。

從日本留學回來的陳萬雄、陳湛頤、周佳榮等"後生小子"，進入"三中商"（即是三聯、中華、商務三家左派出版社）任職或擔任特約作者。

你說當年左派機構裡這些"新鮮人"沒有心理包袱嗎？有的，心有滿腔熱情，但面對當年左派出版社的"簡陋"（包括一些人事陋習）真是少一分忍耐力也無法"立足"。

七十年代，左派書店從滿場"一片紅"甦醒過來——"文革"期間有什麼書可出版？還不是只有"紅彤彤"的"毛語錄"以及一些黃皮、白皮作封面的文件通告？

"文革"期間，其實左派報紙也好不了多少，那真是一個直教天公也悲憤飲泣的年代。

七十年代後的左派書店與出版真是脫胎換骨，引進人才的成效要比報紙顯著得多。

從 "貼地" 到 "離地"

　　"大公"、"文匯" 是 "左報" 第一線。這第一線還有一份於一九五〇年十月五日創刊的《新晚報》。

　　香港的報業生態是很特殊的，早報、午報、晚報，還有夜報，即是相隔兩三個鐘頭便有一輪報紙發行。

　　《新晚報》在下午四時出版，與《星島晚報》同一時段，它的主要對象是一般文員及年輕知識分子，特別是一些對文化、文藝興緻特濃的文藝青年，當年羅孚總編輯便親自主編文藝周刊 "風華"，團結一班年輕文化人。我曾在《新晚報》擔任副刊編輯主任多年，不用上頭吩咐也自然地擔負起這些 "聯誼" 工作。

《新晚報》於中華人民共和國成立次年創辦，於 "香港回歸" 的同年同月停刊。這又豈是偶然？時移勢易，"晚報" 早已沒有了市場，即使沒有 "回歸" 這回事，也該告一段落。

　　在吸納讀者對象方面，左派報紙都作了既縝密又寬鬆的分工。

　　第一線如此，那麼第二線呢？

　　《香港商報》、《晶報》以及《正午報》屬第二線。

第二線的分工又如何呢？它們面對的是普羅大眾，是各個勞動階層。《香港商報》相當於第二線的"文匯"；《晶報》則是第二線的"大公"，除了面對一般勞工外，更兼負起一個所謂的統戰任務。五十年代以致六十年代，"台灣問題"仍是一個很熱門話題，陳霞子老總的"社論"，除了寫民生外，更針對那些"分裂"與"統一"的意識形態，所以他常以"三民主義"去引出話題，算得是"以子之矛攻子之盾"。他的"社論"邏輯性強，難怪曾做過國民黨"代總統"的李宗仁，回歸中國時在中外記者招待會上跟陳霞子說："我之回國，你的社論也起了影響！"

無論你看的是《香港商報》還是《晶報》，你都會看到一個共同點：一、從來不去誇誇其談（"文革期間"除外）；二、雅俗共賞，虛實兼備（"虛"者，人生哲理，"實"者，指具實用價值）。

所以，你即使不是所謂"左仔"，也會很樂意每天看《香港商報》或者《晶報》的，每天花上三幾毫子而有這麼豐富的收穫，真是何樂而不為（拙作《回望傳媒五十年》出版兩個月後，有天，一位朋友帶來他的朋友跟我茶聚，並帶上這本書讓我簽名，原來他父親當年是《晶報》的讀者，連帶他兄弟倆很年輕的時候也看《晶報》。能夠說出當年《晶報》的連載專欄"太史婆講廿四史"、連環圖"麥列夫探險"，證明他所言非虛）。

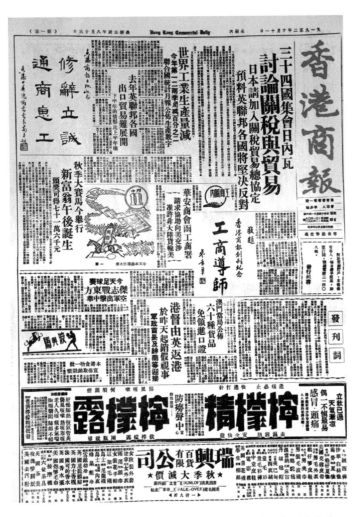

《香港商報》於一九五二年十月十一日創刊。雖標榜一個"商"字，實際上則是一份面向基層的大眾化報紙。競爭對手是《成報》，競爭夥伴則是《晶報》，晶、商互相配合，共同做大個"餅"（市場）。

《香港商報》創刊於一九五二年十月十一日，那是
為了刻意避開"雙十節"。出版之初是一張大紙，即是
四個版面，售價一毫（是當時報紙的統一售價）。它的
"前身"，是同屬左派報刊的《經濟導報》附屬出版的
《標準百貨金融行情》。《香港商報》的創刊，可以說是
"標準行情"的延續，而且在這一基礎上報導一般的商
業狀態，這與《大公報》的經濟新聞在檔次上有所區
分。創刊之初，也是由《經濟導報》的負責人陳陌軍、
陳展謨直接負責（陳展謨在七十年代轉到《晶報》擔
任總經理）。擔任《香港商報》總編輯的，是由《大公
報》調過來的張學孔，經理部則由吳子安、李少雄負
責，由於李少雄原是《標準百貨金融行情》的負責人，
所以也順理成章地成了《香港商報》的督印人。此外，
編輯部也好，廣告部以至排字部門，很多都是從原有
"標準行情"以及"文匯"、"大公"轉來的。這就說明
了創辦《香港商報》的班子，都是原有左派報紙陣營
裡的調度。這與《晶報》的創辦很不同，《晶報》基本
上是向外間延攬人才的。可見得"左報"的分工其實
做得很細緻。

　　《晶報》一九五六年五月五日創刊，總編輯是陳霞
子（請參閱本書另一篇章〈一代報人霞公傳奇〉）。

　　兩份左派第二線報紙，銷路高峰期都逾十萬份。
"文革"之後，特別在取消"狗經版"、"馬經版"之
後，一落千丈，跌下萬丈深淵。屬於第二線《新晚報》

《晶報》報頭有個秘密，這個"晶"字你不會在字模上找到。它是由三個字併合起來的，上方那個是"曰"字，下方左邊是"明"字的那個日字旁之"日"。右下方這個"日"字才是真正的"日"字的寫法。

這個"晶"字別具一格，與眾不同，這原是陳霞子先生一貫的辦報風格。

《正午報》是《循環日報》停刊後創辦的，也在"循環"原址辦公。它主要是承接午間這一發行時段，以報導一般社會新聞為主。"殺手鐧"則是"狗經"、"馬經"。高峰期銷逾十萬份。

影子的《正午報》，更是慘不忍睹，它原是為了填補"左報""午間市場"的，政治色彩很淡，以狗經、馬經掛帥，十分吃香。特別是"狗經版"，當年澳門逸園賽狗，其盛行不下於香港賽馬博彩。當年港九各地的茶餐廳，一到賽狗的晚上，座無虛席，都在聽跑狗賽果也。《正午報》的"狗經版"更是聞名港九，每天銷紙十餘萬份。主編者原來是一位不懂賽狗的老報人——湯建勳，他為了要使自己也明白，於是在版面設計上儘量的做到深入淺出，絕不擺什麼專家的樣子。什麼叫做專業？這就是專業了。

可惜，上頭一聲令下，取消"狗經"、"馬經"，《正午報》立即應聲倒地，很快便"鳴金收兵"。"商"、"晶"兩報雖苦撐下去，但已是難兄難弟，儘管後來左派報紙全面恢復"狗經"、"馬經"版面，可已經是"大江東去"。要爭取讀者談何容易，但要流失讀者，真係"話都冇咁快"。

這種"堅離地"、不切實際的指令向誰追究？惟有歸咎為一句"文革餘毒"吧！

從 "潮起" 到 "潮落"

把"文匯"、"大公"、"新晚"稱為"左報"圈子裡的"內圍"，把"商報"、"晶報"以及"正午報"稱為"外圍"，我個人以為，這不算太準確。如果作以

232

下排列，可以嗎？——

　　"文"、"大"、"新"是"內圍的核心"；"商"、"晶"是"內圍"。而外圍呢？可以把《田豐日報》、《新午報》以及《香港夜報》列上。

　　後三份報紙不是正統的直接領導，在香港"六七動亂"期間，港英政府不直接拿左派圍內報紙"開刀"，那就是以"賊佬試沙煲"的方式，找個藉口封了上述三家報紙。這麼一封，"田豐"、"新午"、"香港夜報"反而確立了左派"外圍報"地位。

　　筆名"田豐先生"的作者即是潘懷偉，著名馬評人，《田豐日報》由他的妻子陳艷娟女士擔任督印人。報一封，他倆同時投獄。《新午報》的創辦人之一是麥煒明。封報那天他不在家，所以逃過一劫（如果有心"拉人封艇"又怎會容易讓你逃脫？這也不過做做姿態而已）。"肥麥"後來有一段日子在《信報》上班，他中、英文俱佳。

　　至於《香港夜報》的負責人胡棣周，"六七"期間寫下不少激揚文字，譬如報紙頭條新聞標題寫上"一夜之間香港插遍紅旗"等等。

　　由於其他報紙大多是日報，受出版時間所限，新聞未能及時出街，《香港夜報》便抓住這一"空檔"，大鳴大放起來。當年時局混亂，消息滿天飛，他的頭條新聞標題經常是語出驚人。

　　我入《晶報》之時（一九六二年），胡棣周經已

《田豐日報》創辦人潘懷偉先生是一位
風趣人物，隨和，不擺架子，你甚至
拿他的"花名"來開玩笑，稱他"嘩囉
冬瓜"（又黑又肥），他也沒所謂的。
但説到國家、民族，他有可貴原則。

《香港夜報》創辦人胡棣周
先生，有才情，有個性，且
清楚明白自己的"位置"。
如果從商場角度來看，他是
典型的"中小企"領軍人。

《新午報》創辦人麥煒明先生，外形與梁羽生有點相似，都是肥胖
型，但兩人骨子裡同樣很具書生氣。在"六七風暴"的日子，"肥麥"
非常"五四"。辦了一份名為《新青年》的周刊。

離去，出外辦報"闖世界"，我跟他先後跟隨陳霞子總編，算得是同門師兄弟了，不過這可不是"天子門生"，這是"霞子門生"。

這樣寫下去，真有點"白頭宮女話當年"的感覺。在"香港回歸"前後，不少報紙紛紛"關門大吉"，左派報紙也不例外。一九九一年《晶報》停刊；一九九七年七月二十七日，辦了四十七年的《新晚報》停刊。

《新晚報》在回歸年、回歸月停刊，有著特殊意義。這說明了什麼呢？這可不是左派報紙興衰的問題，這是"完成歷史任務"。

打從"九七回歸"開始，或者說到二〇〇〇年一個世紀的終結吧，作為宣傳工具的大眾傳媒，已起了根本變化。既然"歷史任務"也完成了，心中還有什麼可糾結的呢？

解開心結，輕安自在！

金庸談辦報

　　金庸先生是武俠小說大家，在此不用多說。他同時也是一位出色的報人。

　　金庸是從《大公報》跳出來創辦《明報》的，是典型的文人辦報。上世紀之初，中國動亂，不少文人以文報國，也就自然地辦起報來。辦報，也像辦其他事業一樣，有所謂"大有大做、小有小做"。文人除了一支筆、一腔熱情之外，金錢方面還是阮囊羞澀的，不過，如果辦一份小型報紙，三幾位志同道合者合股，每人兩三萬元湊起來亦可成事。

　　《明報》就是這樣辦起來的，開始是八開本，即是現在流行的免費報紙的開本。

　　金庸曉得這樣的"小型報"始終不夠大體，因此沒過多久"企穩"之後，便改為像今天這樣的大型報紙。

　　金庸辦報，可以用"實事求是"來形容，他不誇誇其談，無論是新聞版面還是副刊，都會清晰地知道讀者所需，絕對的"不離地"，用句"社會術語"說，那是走群眾路線。

　　但"群眾"是一個統稱，群眾之內也會分多個階層，你要有針對性才可。我自己的辦報經驗，特別是針對副刊的，我常對副刊編輯說，"樣樣有，即是樣樣冇（沒有）"！如果什麼都想加進去，這就是"博而不專"，不會給人留下印象的。

《明報》很快便摸索出自己的路向——走知識分子之路。在這方面，金庸可謂眼光獨到。六十年代到八十年代，到金庸退出"報業江湖"為止，他走的都是知識分子的道路。

金庸"辦報不在多言"，他喜歡寫字條給下屬，字條內容簡單、明確，沒有多餘的話。有直接吩咐下屬如何如何，也有像通告式的"敬告全體"。我特別喜歡他寫的那一則"副刊五字真言——短、趣、近、物、圖"，簡潔清晰地列舉出策劃副刊的五大特點。這五點真是切中要害，像武林高手點穴那樣，一點中的，把副刊的特性及處理方法都列舉出來了。正如他在"通告"最後寫的：

"此為本報編輯副刊之要旨，新聞寫作及編輯亦不妨參考。"

說"不妨參考"是客氣之言，事實上即使是編新聞版面的，這"短、趣、近、物、圖"同樣重要，在今天尤為重要，長篇大論者在今天的大眾傳媒裡已經沒有多少市場了。我不明白，有些報紙在"回歸"之後反而大版大版地寫時事評論。評給誰看？論給誰看？

好了，讓我把金庸這"五字真言"列寫出來讓大家了解一下他的辦報心得——

短：文字應短、簡捷，不宜引經據典，不尚咬文嚼字。

趣：新奇有趣，輕鬆活潑。

近：時間之近，接近新聞，三十年前亦可用，三十年後亦可用者不歡迎。空間之近，地域上接香港，文化上接近中國讀者。

物：言之有物，講述一段故事、一件事物，令人讀之有所得。大得小得，均無不可。一無所得，未免差勁。

圖：圖片、照片、漫畫，均圖也；文字生動，有戲劇舞台感，亦廣義之備。

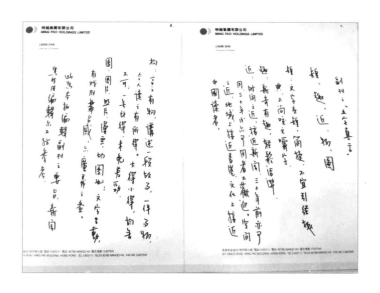

金庸談讀書

"大俠"金庸，於二○一八年十月三十日下午病逝於養和醫院，享年九十四歲。

他一九二四年出生，出生地是浙江海寧袁花鎮。是真真正正的書香世家、名門望族。金庸原名查良鏞。祖父查文清是大官；著名詩人徐志摩是金庸的表哥；"中國航天之父"錢學森是金庸的表姐夫。

在香港文化博物館有一個"金庸館"，是常設館。

金庸是飲譽文壇的著名作家，他的作品不僅影響香港，也同時影響整個華人社會。

這個金庸館雖然不怎麼大，但却是"立體"的，把金庸的著作以及他的生活都勾勒起來，他的武俠小說不僅在"文字界"裡大受歡迎，"影視界"同樣的歷久不衰。

早在五十年代末、六十年代初期，金庸的武俠小說在報章上連載不久，因為擁有大量讀者，電影公司眼明手快地改編起來，記得《書劍恩仇錄》、《倚天屠龍記》以及《神鵰俠侶》都是那些年出現的，那些年我才十二、三歲。猶記得，南紅飾演小龍女，謝賢演楊過，而黎小田則是童年的"小楊過"。

電視台成立之後，金庸的武俠小說更是"代代相傳"。"影視"之外，與電視劇相關的主題曲，同樣風靡萬千觀眾。所以這個金庸館的展覽內容十分的豐富，大家不宜錯過。

看這個展館，不宜錯過的內容頗多，包括金庸早期在長城電影公司擔任編導；以及以"林歡"為筆名寫的影評，當然他更是一位出色報人。

今天，我要特別向大家介紹的，是金庸先生談讀書。

在展館裡，我們看到金庸寫的"談讀書"原稿，文字不多，簡潔、坦率、真誠，完全吻合他對寫作及辦報的宗旨。更有一點要指出的，是他字跡清晰，一筆一畫清楚交代。說實在的，在報人或多產作家中，實在很少有這樣的清楚字跡，在我眾多寫作的朋友裡，也只有一位已故的友人——吳昊，是這樣清楚地書寫的（這就說明了，金庸先生也好、吳昊先生也好，都是辦事認真，不苟且，不是拖泥帶水的人）。

好了，還是向大家介紹金庸這篇"讀書心得"——

我的讀書心得，只是孔子一句話，"知之者不如好之者，好之者不如樂之者。"讀書之對於我，那是人生中最重要的事，只次於呼吸空氣、飲水、吃飯、睡覺。我曾經想，坐牢十年而可以在獄中閱讀天下書籍；或者，十年中充分自

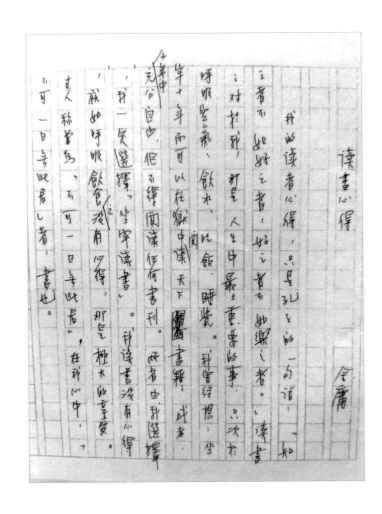

読書心得　　　　金庸

我的讀書心得，只是孔子的一句話：「知
之者不如好之者，好之者不如樂之者」。讀書
之對於我，那是人生中最重要的事，只次於
呼吸空氣、飲水、吃飯、睡覺。我曾經想：坐
牢十年而可以在獄中讀天下任何書籍；或者
完全自由，但不可得閱讀任何書刊。兩者由我選擇
，我一定選擇「坐牢讀書」。我讀書沒有心得
，就如呼吸飲食沒有心得，那是極大的享受。
真正稱之為「不可一日無此君」，在我心中
不可一日無此君者，書也。

由，但不得閱讀任何書刊。兩者由我選擇，我一定選擇"坐牢讀書"。我讀書沒有心得，就如呼吸飲食之沒有心得，那是極大的享受。古人稱筆為"不可一日無此君"，在我心中的"不可一日無此君"者，書也。

你看了這篇短文有什麼想法呢？很有趣的一點是，我們這些熱衷於看書寫作的"讀書人"，有時候都會帶點荒謬的想法："能夠讓我們坐牢坐上一年半載便好了！"

這是什麼話？原來我們都希望強迫性地"困"著自己看書、寫作。能夠單獨地讓我們"困"在一個小小的房間裡專心地做好一樁事，是多麼難得，就算生活條件極之惡劣以及有沒有自由都不在乎！

忽發奇想，如果我們"讓心靈出家"，能在生活條件允許的情況下閉關一個月的話，你說該有多好！

一些偉大的作品，往往都是在類似的環境下誕生的，如司馬遷寫《史記》。當然，我們不是說"非去坐牢不可"，只是想說明一下那種專注是何等重要，即使是強迫性的，也可以接受。我們學佛、學修行，其實也是學習這種在紛亂塵世裡如何建立"定力"、"專注力"，能夠勒起那意馬心猿，不用"強迫"而自覺地進入專注狀態，這是我們追求的方向，首先我們要耐得住寂寞。值得安慰的是，我今時今日已經可以進入這“金庸境界——不可一日無此君”（此君者，書也）！

　　培養專注力，把精神集中起來，擺脫“精神牢獄”的羈束，主動地走進自己這“孤寂”的內心世界去，這種學習就是修行。

· 香港文庫

　總策劃：鄭德華

　執行編輯：梁偉基

· 香港傳媒五十年

　責任編輯：王昊

　書籍設計：吳冠曼

　封面設計：陳曦成

書　　名	香港傳媒五十年
著　　者	陳青楓
出　　版	三聯書店（香港）有限公司 香港北角英皇道 499 號北角工業大廈 20 樓 Joint Publishing (H.K.) Co., Ltd. 20/F., North Point Industrial Building, 499 King's Road, North Point, Hong Kong
香港發行	香港聯合書刊物流有限公司 香港新界大埔汀麗路 36 號 3 字樓
印　　刷	美雅印刷製本有限公司 香港九龍觀塘榮業街 6 號 4 樓 A 室
版　　次	2020 年 2 月香港第一版第一次印刷
規　　格	大 32 開（140 × 210 mm）264 面
國際書號	ISBN 978-962-04-4589-7

© 2020 Joint Publishing (H.K.) Co., Ltd.

Published & Printed in Hong Kong

本書第一版名為《回望傳媒五十年》，現增訂再版改名為《香港傳媒五十年》。